CULTURA DE MASSA E CULTURA POPULAR

Coleção Clássicos Brasileiros das Ciências Sociais
Coordenador: André Botelho

Dados Internacionais de Catalogação na Publicação (CIP)
(Câmara Brasileira do Livro, SP, Brasil)

Bosi, Ecléa, 1936-2017
  Cultura de massa e cultura popular : leituras de operárias / Ecléa Bosi ; apresentação de Dante Moreira Leite ; prefácio de Otto Maria Carpeaux. – 14. ed. – Petrópolis, RJ : Vozes, 2025. – (Coleção Clássicos Brasileiros das Ciências Sociais)

  ISBN 978-85-326-0676-1

  1. Comunicação – Aspectos sociais 2. Cultura
3. Cultura – Aspectos sociais 4. Cultura popular 5. Leitura
I. Leite, Dante Moreira. II. Carpeaux, Otto Maria.
III. Título. IV. Série.

24-212388   CDD-306

Índices para catálogo sistemático:
1. Cultura popular : Ciências sociais   306

Eliane de Freitas Leite – Bibliotecária – CRB- 8/8415

CULTURA DE MASSA E CULTURA POPULAR

LEITURAS DE OPERÁRIAS

ECLÉA BOSI

Apresentação de Dante Moreira Leite
Prefácio de Otto Maria Carpeaux

EDITORA VOZES

Petrópolis

© 1972, 2025, Editora Vozes Ltda.
Rua Frei Luís, 100
25689-900 Petrópolis, RJ
www.vozes.com.br
Brasil

Todos os direitos reservados. Nenhuma parte desta obra poderá ser reproduzida ou transmitida por qualquer forma e/ou quaisquer meios (eletrônico ou mecânico, incluindo fotocópia e gravação) ou arquivada em qualquer sistema ou banco de dados sem permissão escrita da editora.

CONSELHO EDITORIAL

Diretor
Volney J. Berkenbrock

Editores
Aline dos Santos Carneiro
Edrian Josué Pasini
Marilac Loraine Oleniki
Welder Lancieri Marchini

Conselheiros
Elói Dionísio Piva
Francisco Morás
Teobaldo Heidemann
Thiago Alexandre Hayakawa

PRODUÇÃO EDITORIAL

Anna Catharina Miranda
Eric Parrot
Jailson Scota
Marcelo Telles
Mirela de Oliveira
Natália França
Priscilla A.F. Alves
Rafael de Oliveira
Samuel Rezende
Verônica M. Guedes

Secretário executivo
Leonardo A.R.T. dos Santos

Primeira preparação: Jéssica Vianna
Editoração: Piero Kanaan
Diagramação: Editora Vozes
Revisão gráfica: Alessandra Karl
Capa: Érico Lebedenco

ISBN 978-85-326-0676-1

Este livro foi composto e impresso pela Editora Vozes Ltda.

Ao Alfredo.

Às operárias Isabel, Marta da Consolação, Otília, Edinalva Rosa,
Gertrude, Margarida, Isaura, Maria de Deus, Anália, Zulmira, Eunice,
Lúcia, Leonilda, Maria do Socorro, Maria de Lourdes, Dione, Maria da
Conceição, Lúcia Helena, Gertrudes, Edith, Neide, Elza, Maria Lúcia,
Alaíde, Vera, Maria da Glória, Lourdes, Maria de Lourdes O., Maria da
Conceição L., Célia, Maria Ildevanda, Helena, Zélia, Anália Rosa, Maria
Nice, Aparecida, Rosinaura, Eugênia, Rosa, Aparecida, Marly, Iracema,
Rosana, Aparecida C., Clélia do Rosário, Julieta, Matilde, Benolina,
Maria Neusa, Vanilda, Josefa e Benedita Rainha.

* * *

As moças conversam junto às máquinas, em meio a seu ruído, na tarefa
rotineira da fábrica: essas conversas tão locais, tão pessoais, e tão íntimas
que fazem de todas as moças um grupo fechado e abraçado. É conversa
quase sempre elementar, às vezes rude e generosa. São os grandes temas
da existência: casamento, crianças, relações com o próximo, sexo.

Com os homens dá-se o mesmo. Fazem o que a classe operária sempre
fez, onde quer que eles se achem e por mais sem esperança que a sua
situação possa parecer: exercem a sua necessidade tradicional e forte de
fazer a vida intensamente humana.

Richard Hoggart. *The Uses of Literacy* (1957)

Agradecimentos

A Dante Moreira Leite (*in memoriam*), meu orientador.

A Betty Mindlin e Celso Frederico, estudioso da classe operária.

A meus pais, Emma Strambi Frederico e Antônio Corrêa Frederico.

Sumário

Apresentação – Clássicos Brasileiros das Ciências Sociais, 9
    Cultura de massa e cultura popular: leituras de operárias, 12
Prefácio, 15
Apresentação, 17
Sobre a cultura das classes pobres, 19
    A cultura do povo vista de fora, 19
    A cultura vista pelo trabalhador, 22
    Unidade e diversidade, 24

Introdução, 29

1 – Comunicação de massa: o dado e o problema, 33
    Comunicação e cultura de massa, 36
    Teorias da cultura de massa, 37

2 – Cultura de massa, cultura popular, cultura operária, 65
    A questão da cultura popular, 65
    A cultura popular e a cultura de massa, 75
    As estruturas de consolação, 84
    A situação operária, 87

3 – Leituras de operárias, 95
    1. Relatos de leitura: depoimentos, 102
    2. Como interpretar esses depoimentos? , 118

Considerações finais, 161
Posfácio – "Tocar nos fatos", 50 anos depois, 173
Apêndice, 183
Referências, 194

Apresentação
Clássicos Brasileiros das Ciências Sociais

Que país é este? Em cada momento de crise, a sociedade brasileira parece movida por e para essa pergunta – às vezes de modo atônito, outras vezes de modo anômico. Seus intelectuais, artistas e atores políticos a refazem, para si mesmos e para o conjunto da sociedade. E assim tem sido há muito tempo: de José Bonifácio a Emicida, sem esquecer o grupo de rock Legião Urbana, que a prendeu vibrando nas gargantas de gerações desde os anos de 1980.

Bem, considerando o quanto a pergunta já foi feita e refeita na sucessão das gerações, talvez devêssemos, então, começar por outra questão: se vivemos em uma permanente ou reiterada crise de identidade coletiva, por que a crise atual deveria ser levada mais a sério do que as anteriores? E mais: ainda faz sentido continuar refazendo essa pergunta? O que torna a situação mais complexa do ponto de vista social – e mais urgente do ponto de vista das ciências sociais – é que poucas vezes os conflitos sobre "que país é este" foram expostos de forma tão aberta e violenta como agora, sem que haja, contudo, qualquer consenso significativo quanto a possíveis respostas à vista.

Vivemos tempos de tantas incertezas que é fundamental estarmos atentos para não nos apegarmos às certezas herdadas sobre a sociedade brasileira e sobre a sociedade em geral. A capacidade de duvidar, de estranhar, de tornar o familiar distante e o distante compreensível, que constitui a base das ciências sociais, nunca foi tão necessária. Somos profissionais da desnaturalização, ou seja, é nossa responsabilidade mostrar e argumentar sobre o caráter de construção social dos fenômenos que, dos mais corriqueiros aos mais extraordinários, parecem enraizados no cotidiano, "naturalizados" e transformados em rotinas, às vezes quase automáticas. Na sociologia contemporânea, inúmeros debates têm girado em torno da questão do "referente" empírico da disciplina. Com a intensificação dos processos globais em todos os níveis, a ideia de que o campo privilegiado de estudos da sociologia seriam "sociedades" fechadas – isto é, totalidades autocontidas e territorializadas, ainda que internamente diferenciadas – passou a ser amplamente criticada. O sociólogo alemão Ulrich Beck (2002), por exemplo, provocava ao afirmar a urgência de abrir o "contêiner do Estado-nação", livrar-se de "categorias zumbis" (categorias baseadas em pressupostos históricos obsoletos) e refundar a sociologia, dotando-a de novas bases conceituais, empíricas e organizacionais como uma ciência da realidade transnacional.

Por outro lado, justamente devido a esse compromisso com a "desnaturalização", não podemos nos refugiar no presente, como provocava Norbert Elias (2005), outro sociólogo alemão de uma geração anterior. O que vivemos hoje, por mais inusitado e opaco que ainda pareça, não se esgota no presente; é, antes, parte de processos sociais mais amplos. A ideia de "processo" é uma chave fundamental para entendermos a crise atual, pois permite, ao investigar as inter-relações entre ações significativas e contextos estruturais, compreender tanto as consequências inesperadas quanto as intencionais nas vidas individuais e nas transformações sociais.

No prefácio de Os nossos antepassados, Italo Calvino (1997) confessa seu desejo pessoal de liberdade ao escrever, ao longo da década de 1950, as três histórias "inverossímeis" que compõem o livro, buscando se distanciar da classificação de "neorrealista" atribuída a seus escritos anteriores. Com sua trilogia, Calvino procurou, acima de tudo, sugerir três níveis diferentes de aproximação da liberdade na experiência humana, que "pudessem ser vistas como uma árvore genealógica dos antepassados do homem contemporâneo, em que cada rosto oculta algum traço das pessoas que estão à nossa volta, de vocês, de mim mesmo" (1997, p. 20). Mais do que o caráter imaginário da "genealogia" (certamente relevante, mas não surpreendente, já que toda pretensão genealógica carrega consigo uma boa dose de bovarismo), a confissão de Calvino revela, especialmente quando se considera o contexto em que escreveu – "[...] estávamos no auge da Guerra Fria, havia uma tensão no ar, um dilaceramento surdo, que não se manifestavam em imagens visíveis, mas dominavam os nossos ânimos" (Calvino, 1997, p. 9) –, o quanto, em momentos particularmente dramáticos no plano social, a busca por uma perspectiva que conecte a experiência presente ao passado pode funcionar como "um impulso para sair dele" (do presente) e, assim, enxergar com maior clareza as possibilidades de futuro.

Essa peculiar reflexão de Calvino sobre a utopia, em que a reconstrução do passado desempenha um papel crucial na construção do futuro, volta e meia me ocorre quando reflito sobre o tipo de trabalho intelectual envolvido nas ciências sociais. Isso, sobretudo, porque as interpretações do Brasil são elementos fundamentais para entender a articulação das forças sociais que operam no desenho da sociedade, contribuindo para movê-la em determinadas direções. Ou seja, não se pode negligenciar a relevância dessas formas de pensar o Brasil no âmbito da "cultura política", pois muitas delas deram vida a projetos, foram incorporadas por determinados grupos sociais e se institucionalizaram, ainda hoje informando valores, condutas e práticas sociais.

Assim como ocorre em relação aos antepassados inverossímeis de Calvino, são as relações sociais e políticas em curso na sociedade brasileira que nos convocam constantemente a revisitar as interpretações de que ela foi objeto no passado, e não o contrário. Afinal, nas interpretações do Brasil, podemos identificar (e nos identificar com) proposições cognitivas e ideológicas que ainda nos interpelam, uma vez que o processo social nelas narrado – em resposta às questões e com os recursos intelectuais disponíveis em seu tempo – permanece, em muitos aspectos, em aberto. Do ponto de vista substantivo, convenhamos, esse processo encontra sua inteligibilidade sociológica na modernização conservadora que, feitas as contas dos últimos anos, seguimos vivenciando. É a partir dela que a mudança social tem se efetivado, ainda que muitas vezes mantendo praticamente intactos ou redefinidos noutros patamares problemas seculares.

O que vivemos, o que não mais vivemos e o que ainda não vivemos estão sempre ligados a um processo mais amplo, do qual o presente é apenas uma parte – e, frequentemente, uma parte opaca para a maioria de nós. Mais do que um simples registro factual sobre a formação histórica, as interpretações do Brasil funcionam como dispositivos narrativos que possibilitam acessar esse processo que afasta e também aproxima presente e passado, surpreendendo a "sociedade" se pensando em momentos de crise.

O universo dos clássicos das ciências sociais é dinâmico, como já pude discutir noutra oportunidade (Botelho, 2013). O cânone só existe porque é simultaneamente resultado e motivo de conflitos. Recentemente, no debate internacional, novas posições e autores vêm sendo propostos para tornar o cânone menos eurocêntrico, menos masculino, menos branco. É uma alegria para nós, e para a Editora Vozes, participar desse momento propondo uma coleção que reúne grandes expoentes das ciências sociais (em *lato sensu*) brasileiras, ou seja, da periferia do capitalismo, mas que superam as expectativas da divisão internacional do trabalho intelectual assentada na geopolítica do conhecimento. Os títulos selecionados não são meros exemplos de estudos de casos; eles interpelam teoricamente as ciências sociais como um todo. Uma alegria adicional é iniciarmos a coleção com o trabalho de três grandes cientistas sociais mulheres.

Cultura de massa e cultura popular: leituras de operárias

O interesse da tese de Ecléa Bosi, defendida no início da década de 1970 na Universidade de São Paulo, não reside apenas no panorama de uma época, com suas questões e forças sociais em disputa, mas também em algo mais perene na vida social: o descompasso entre, de um lado, a produção cultural e, de outro, o desenvolvimento da comunicação de massa. Na conjuntura da modernização autoritária dos anos de 1970, Ecléa foi ousada ao perguntar: o avanço da cultura de massa implica regressão, com o comprometimento da inteligência criativa? Essa é, sem dúvida, uma pergunta crucial para todas as épocas, pois toca na própria trama em que o social vem sendo tecido na modernidade.

Como mostra Pedro Meira Monteiro no posfácio especialmente escrito para esta edição, se trocarmos televisão, cinema e "robótica" por algoritmos, *streaming* e redes sociais, perceberemos a atualidade do livro que a leitora e o leitor têm em mãos. Os meios de comunicação que tanto afetam nosso cotidiano, começando pela própria dimensão do tempo, também têm uma história. E sua justa qualificação no presente exige uma visão de perspectiva, o que Ecléa Bosi fez não apenas para seus contemporâneos, mas também para futuras gerações, como veremos a partir de agora. Boa leitura!

André Botelho
Universidade Federal do Rio de Janeiro

Prefácio

Em toda parte do mundo – onde é livre a discussão de problemas importantes da civilização e do seu futuro – discute-se, hoje em dia, a utilidade ou inutilidade da literatura.

Só nos chega um eco remoto e vago dessas discussões, e não pode deixar de acontecer assim; pois para nós, no Brasil, o problema já está resolvido: no Brasil, a literatura é (relativamente) útil para os participantes do prestígio oficial de algumas instituições e é inútil para a maioria da população, que nem chega a saber da existência dela.

Conforme estatísticas oficiais, este país tem 49% de analfabetos. E os 51% de alfabetizados? A grande maioria desses é, apenas, semialfabetizada. Só leem espécie de literatura paralela: as radionovelas, os subprodutos da televisão, as inúmeras revistas ilustradas, os suplementos dos vespertinos e uma nova literatura de cordel, industrialmente produzida e exposta nas bancas dos jornaleiros.

Literatura paralela? Dirão que isso não é literatura nenhuma; assim julgam os críticos e outros profissionais da verdadeira literatura. Mas será que cabe, nessa matéria, a última palavra aos críticos? Não se trata, no caso, de valores estéticos. Trata-se de uma mentalidade que está sendo implantada na maioria da nação. Assim como – conforme a famosa frase de Clemenceau – a guerra é coisa séria demais para ser confiada aos generais, assim, a leitura das massas do povo brasileiro é problema sério demais para ser proposto aos que vivem na atmosfera rarefeita do estruturalismo, do *new criticism*, do teatro do absurdo e do *nouveau roman*. Esse problema só pode ser tratado com os instrumentos da pesquisa sociológica. Eis o trabalho de que se encarregou Ecléa Bosi.

Num país como o nosso, em que a experiência cotidiana desmente as estatísticas e onde os inquéritos da opinião pública sempre fornecem os resultados mais convenientes, Ecléa Bosi acaba de realizar um *field work* sério: uma pesquisa sobre as leituras de um grupo de operárias da indústria paulista. A competência científica da psicóloga social está acima das dúvidas: os questionários foram organizados conforme todas as regras e as respostas foram corretamente analisadas. Deve ter sido um trabalho dificílimo, o de conquistar a confiança daquelas moças, o de se entender com elas, e acredito que só a sensibilidade feminina de Ecléa Bosi chegaria a levar a bom termo essa tarefa. O resultado é comovente e desolador. É comovente a ingenuidade das questionadas. E é dolorosa a situação das suas mentes seduzidas e exploradas. É trágica a imaturidade emocional dessas jovens operárias, e é trágico o abismo de ignorância e de equívocos em que se debatem. Trágico, porque se trata de um *sample* bem-escolhido da maioria da nação brasileira. Aos otimistas só se pode responder que com gente assim educada não se construirá a muito falada futura grandeza do Brasil.

A culpa não é, evidentemente, das vítimas. A culpa é, inicialmente, de educadores tão idealistas que não conhecem ou não querem conhecer a realidade material brasileira; mas é, principalmente, a culpa dos concessionários de canais e dos industriais de revistas e vespertinos e – sobretudo – dos seus protetores que fazem triunfar, neste terreno e em todos, os princípios da iniciativa livre e do estímulo pelo lucro.

Há esperanças para um futuro? Vou arriscar uma resposta muito subjetiva, que confia – tanto como nas leis da história – na força da vontade dos que são de boa vontade. Quem leu até aqui as presentes linhas já sabe que sou amigo pessoal de Ecléa Bosi – e do seu marido, meu querido amigo Alfredo Bosi – e vou enfrentar a suspeita de ter escrito por amizade. Não seria eu amigo pessoal de Ecléa e Alfredo Bosi, se não os considerasse como pessoas da mais alta qualidade; e não teria eu escrito este prefácio, se não considerasse como esperança real a presença de pessoas assim em nosso meio.

Tudo aquilo pode e deve mudar, e até espero que não demore; pois é tão escura a noite que já não pode demorar muito a aurora.

Otto Maria Carpeaux

Apresentação

Os teóricos sabem que a obra literária de qualquer nível supõe três momentos: o escritor, a obra e o leitor. Sabem também que apenas no momento em que o leitor se entrega à obra é que se dá essa forma peculiar de recriação, isto é, a passagem dos sinais mortos da escrita para as emoções vivas da contemplação estética. Apesar disso, se considerarmos os três momentos acima indicados, parece indiscutível que o leitor é o menos conhecido. O escritor, o crítico e o editor quase sempre pensam num leitor imaginário, cuja face seria composta pelos fragmentos de dezenas ou centenas de leitores também imaginários dos livros ou das revistas modernas.

Neste livro apaixonado e apaixonante, Ecléa Bosi tenta chegar mais perto dessa fisionomia obscura e revelar os seus traços. Não pretendeu fazer um grande panorama do leitor de ficção no Brasil, nem o panorama, mais restrito, embora ainda amplo, do leitor operário de São Paulo. Nem essas tarefas estariam ao alcance de apenas um estudioso. O que nos dá é o universo de algumas operárias que trabalham numa fábrica de São Paulo. A leitura não é apresentada como um processo isolado, mas como alguma coisa que se inscreve em suas vidas, seus trabalhos, sua curiosidade, suas aflições e angústias.

Esse reencontro com a operária viva de uma grande cidade já seria um motivo para valorizar este livro. Mas a autora, que é professora universitária, não participou do encontro apenas com a sensibilidade preparada para compreender e valorizar a leitura da operária. Desde o início traça um quadro muito vivo dos problemas de uma cultura de massa e das possíveis explicações para as suas características mais notáveis. Desde o início também nos prepara para tentar compreender o desaparecimento da cultura popular, e sua substituição por uma cultura transmitida em bloco para os grandes grupos contemporâneos. Esse tema, que hoje constitui uma das preocupações mais salientes de críticos, sociólogos e psicólogos sociais de vários países, encontra aqui a sua primeira versão brasileira. E é realmente auspicioso que, em vez de uma árida discussão teórica, a autora nos tenha permitido acompanhar o problema por meio de sua manifestação concreta.

Como Ecléa Bosi não se aproxima das operárias como entidades que casualmente constituam um objeto de estudo, mas sim como de criaturas humanas com que se identifica, pode compreender o que buscam nas leituras, ou por que, depois de um dia de trabalho, são incapazes de ler. Pode apreender as imagens fugidias que guardam das notícias lidas, ou das longínquas lições de um livro de leitura da escola primária. Pode apreender até a sua linguagem, por vezes profunda e poética como a de algumas personagens de Guimarães Rosa, ou sua perplexidade diante dos crimes da cidade grande.

Com este livro Ecléa Bosi traz, para a reflexão do estudioso brasileiro, uma nova realidade: a leitura da classe operária. E para os que se preocupam com os problemas culturais do mundo contemporâneo, propõe um dos maiores desafios para o educador: o encontro do mundo geométrico da verdade acadêmica e da beleza formal com a vida cotidiana – origem e destino de toda cultura autêntica.

Dante Moreira Leite

Sobre a cultura das classes pobres

A cultura do povo vista de fora

Quando desejamos compreender a cultura das classes percebemos que ela já está ligada à existência e à própria sobrevivência dessas classes.

O primeiro problema que nos aparece é o das fontes: qual deve ser o informante privilegiado para o estudo das condições em que vivem as classes pobres? Essas foram descritas na obra de cientistas sociais depois da Revolução Industrial: de Halbwachs a Touraine, de Marx aos estudos psicossociais da chamada "cultura da pobreza".

De outro lado, existem ideias do que seja cultura na cabeça de seus próprios viventes; ideias que podem alcançar expressão, que podem chegar até nós, ou que podemos buscar no seu meio de origem.

Várias são as fontes, vários os depoimentos, várias as testemunhas: os próprios sujeitos-viventes, os quadros estatísticos, descrições de observadores, teorizadores...

E os depoimentos privilegiados dos observadores participantes que, por motivo de fé religiosa e política, assumiram a condição dos observados.

A expressão "observador participante" pode dar origem a interpretações apressadas.

Não basta a simpatia (sentimento fácil) pelo objeto da pesquisa, é preciso que nasça uma compreensão sedimentada no trabalho comum, na convivência, nas condições de vida muito semelhantes.

Não bastaria trabalhar alguns meses numa linha de montagem para conhecer a condição operária. O observador participante dessa condição por algum tempo tem, a qualquer momento, a possibilidade de voltar para sua classe, se a situação se tornar difícil.

Segundo Jacques Loew (1959), é preciso que se forme uma *comunidade de destino*, para que se alcance a compreensão plena de uma dada condição humana. Esse conceito que nós retrabalhamos para trazê-lo à Psicologia Social já exclui, pela sua própria enunciação, as visitas ocasionais ou estágios temporários no *locus* da pesquisa. Significa sofrer de maneira irreversível, sem possibilidade de retorno à antiga condição, o destino dos sujeitos observados.

* * *

De todas essas fontes nos podem vir conhecimentos, apesar de suas limitações.

Um exemplo que vai nos aproximar do problema é o da compreensão dos depoimentos.

Se tivermos o cuidado de passar para a escrita a fala popular, sentiremos de imediato a diferença em relação ao que chamamos de fala culta.

Os conteúdos de consciência que buscamos vão apresentar-se como substância narrável reveladora do que os sociolinguistas denominam "código restrito". Os desníveis e fraturas da elocução costumam ser diagnosticados como signos de um contexto de carência cultural.

Mas os recursos expressivos dessa fala podem não se atualizar no abstrato, e sim no concreto, no descritivo e numa concisão que se acompanha do gesto e do olhar. Num "encolhimento" do código que repousa na compreensão do outro. Compreensão sedimentada no trabalho comum, na convivência, nas condições de vida muito semelhantes.

Como pode o pesquisador desvendar as expressões dessa substância narrativa se ele se aproxima apenas periodicamente do grupo, revestido pelos signos de seu próprio *status* social, signos estes bem visíveis para o sujeito que ele entrevista?

Que diremos de nós mesmos como interlocutores? Nós, cuja razão nega, mas cuja vida de todo dia aceita a divisão de classes? Esse *não* da razão é acompanhado pelo conjunto de nossas atitudes que dizem *sim* ao sistema.

Pois bem, essas atitudes se traduzem em signos na nossa expressão corporal, na roupa, na fala que também são captados pelos dialogantes da classe pobre.

Voltemos nossa atenção para o que é menos elaborado pela consciência: a inflexão e a entonação da voz, aspectos mais espontâneos do que o código empregado.

Quando se perguntou para uma mulher do povo se ela veio de longe, a resposta foi:

"– É, é um bocado. Dá *pra* vir."

Estamos diante de um código restrito e fraturado: ausência de sujeito, indeterminações sintáticas e semânticas, falta de adjetivação precisa... Mas a inflexão da voz que vem do cansaço, a sintaxe vaga que vem da fadiga crônica, o gesto de alongar o queixo e a cabeça para o caminho são expressivos em si.

Em vez de restrito, seria mais próprio chamar conciso ao código que, na certeza de não ser comunicável, depõe *a priori* as armas do diálogo.

Na raiz da compreensão da vida do povo está a fadiga.

Não há compreensão possível do espaço e do tempo do trabalhador manual se a fadiga não estiver presente e a fome e a sede que dela nascem.

E as alegrias que advêm dessa participação no mundo por meio do suor e da fadiga: o sabor dos alimentos, o convívio da família e da vizinhança, o trabalho em grupo, as horas de descanso.

Escreveu Simone Weil em seu diário: "Nenhuma poesia referente ao povo é autêntica se nela não estiver presente a fadiga" (Weil, 1996).

* * *

Aceitamos, pois, as cisões, as contradições que nos separam da fala e da entonação popular e que transcendem a divisão cultura popular x cultura erudita.

São dois grupos que se defrontam: um cujas realizações culturais significam socialmente; outro, cujas realizações assumem significação quando postas em oposição à cultura dominante.

Enquanto não articulada com a nossa, aquela cultura é *a outra* para nós, o folclore, a fonte vital do diferente.

Estivemos até agora examinando as testemunhas da cultura das classes pobres. Embora pesem sobre elas, restrições podem alcançar um alto grau de respeitabilidade. Isso se dá no caso de intelectuais cuja função tem sido um serviço constante aos oprimidos. Gramsci é um exemplo. Ou daqueles que foram viver a condição operária e mergulharam aqui na periferia de São Paulo como fermento na massa e como sal da terra.

Se o testemunho dessas pessoas se reveste de respeitabilidade, com mais força de razão deveríamos procurar outra fonte: os depoimentos dos trabalhadores que alcançaram, por meio de uma vida intensa das condições de sua classe, uma consciência militante. No trato desses depoimentos devemos ficar muito atentos a toda centelha de consciência. Atrás deles está uma pessoa que percebe, luta, cujas mãos tecem o tecido vivo da história; seguremos com força os fios dessa trama.

Esses momentos privilegiados de consciência redimem as lacunas no existir diário que pode ser, para tantos, "o cotidiano, isto é, o falso" de Lukács.

A cultura vista pelo trabalhador

Existem uma cultura vivida e uma cultura a que os homens aspiram. Os psicólogos sociais forrados de uma concepção ideológica de cultura falam em necessidade, privação, carência cultural. Representações e valores se agrupam em torno do eixo: adquirir cultura.

Seria a cultura um elemento de consumo?

Ou é uma oposição e uma superação do natural, um desabrochar da pessoa na vida social?

A concepção da cultura como necessidade satisfeita pelo trabalho da instrução leva a atitudes que reificam, ou melhor, condenam à morte os objetos e as significações da cultura do povo porque impedem ao sujeito a expressão de sua própria classe.

As operárias que tivemos oportunidade de ouvir sentem um fortíssimo desejo de instrução, quando não para si, para os filhos: livros comprados em pesadas prestações mensais, jornadas inteiras de trabalho para aquisição de um só livro e a contínua frustração de se sentirem enganadas pelos promotores de cultura.

No meio operário são as revistas que anunciam cursos e coleções, os livreiros-volantes que rondam com suas peruas Kombi as fábricas na hora de saída dos trabalhadores. É o momento de impingir os refugos das editoras, encadernados e com títulos dourados para corresponder à expectativa do pobre que vê nos livros algo de sagrado. Esses refugos irão para o lugar de honra da sala e as coleções muitas vezes são guardadas zelosamente para os filhos. Um livro em três volumes pode custar, como verifiquei, 67 horas, ou 8 dias e quase 3 horas de trabalho operário.

Mas é preciso enxergar os matizes desse desejo de instrução. Escutando os militantes franceses, Chombart de Lauwe percebeu que a cultura não é um conjunto de conhecimentos a assimilar, mas é o fruto de um esforço comum a todos "para compreender melhor o que se passa em volta de nós e explicar aos outros".

"Seria preciso tirar desta palavra o que atemoriza, humilha as pessoas, talvez realizá-la sem falar nela", eis o desejo de um operário.

Se a promoção das classes pobres depende da instrução, na cidade ou no campo, se é preciso reivindicar o direito à ciência e à arte, essa luta é já, em si, uma fonte de cultura.

O mais importante, talvez, nas preocupações dos militantes é que as necessidades a que o aprendizado responde sejam algo ainda desconhecido: algo a descobrir, algo a decidir depois. Como se o conhecimento fosse uma negação daquilo que se é e uma contínua descoberta do que se poderia ser. Um "poderia ser" que conservasse dentro de si os mesmos traços da vida experimentada no bairro, na família, na oficina, na roça.

É bom poder escolher, mudar de rumo; as representações da cultura estão sempre ligadas às de liberdade. Uma operária de São Paulo ligava o seu desejo de leitura com o medo de que seu filho e as outras crianças continuassem como estavam. O receio dos livros sem proveito, do "livresco", está sempre presente nas conversas com trabalhadores. É preciso algo que enriqueça a vida e o trabalho "que era belo e ficou feio", no dizer de um metalúrgico.

O livro deve transmitir algo do homem experiente no seu mister e que merece respeito quando o explica aos outros.

A forte predileção nas leituras da gente simples é pelo conhecimento das outras pessoas, do que elas pensam, de como vivem. "Como posso situar-me entre os outros homens? Como respondem eles à mesma situação em que nos encontramos? O que é a nossa classe? Quem é como a gente?"

"Nada que é humano me é alheio", frase predileta de Marx, é uma constante na alma operária.

A cultura aparece sempre como uma terra de encontro com outros homens, para uma classe dobrada sobre a matéria, segregada como se fora uma outra humanidade.

Se existem duas culturas, a erudita terá que aprender muito da popular: a consciência do grupo e a responsabilidade que advém dela, a referência constante à práxis e, afinal, à universalidade.

E se um dia a classe pobre alcançar a gestão sobre seu destino, sua cultura não deixará de englobar os valores dos que trabalham, valores que se opõem aos dos que dominam. Valores como o interesse verdadeiro pelo outro, a maneira direta de falar, o sentido do concreto e a largueza em relação ao futuro, uma confiante adesão à humanidade que virá, tão diferente do projeto burguês para o amanhã, da redução do tempo ao contábil que exprime o predomínio do econômico sobre todas as formas de pensamento.

E, quem sabe, a nossa cultura ganhará o que perdeu: o trabalho manual, o cultivo da terra, a ligação religiosa com o Todo.

Unidade e diversidade

Até agora temos descrito traços da cultura representada e expressa por operários e operárias.

A fisionomia que se delineia entre nós não será muito diversa da vislumbrada por estudiosos de outros países.

Que existe uma unidade de símbolos, de valores, de representações é algo de assente porque o conteúdo concreto de consciência acompanha os meios materiais de sobrevivência.

Mas o que nos atrai de maneira particular são os movimentos de diferenciação que, partindo da vontade, operam sobre o mundo. Combinam sob forma nova os fragmentos de matéria de um meio que é anômico, os detritos e as migalhas da sociedade industrial, imprimindo a esses conjuntos o encanto que só poderia emanar da classe voltada como nenhuma outra para os valores de uso.

Entremos num recanto descurado e mísero do município de Osasco. Talvez seja o bairro que se abriga atrás das refinarias da Via Castelo Branco. A fábrica absorveu e desfigurou o bairro, imprimindo o seu selo de esqualidez às ruas e as casas cujas cores rouba e cuja fisionomia rói. Quando o trator raspa esses claros de terra vermelha, arranca a camada escura de terra-mãe, que é fértil e tem húmus, condenando o solo à esterilidade[1]. Nunca mais o morador poderá plantar nele uma simples bananeira, e os mananciais de água secam. Assim começam os loteamentos populares, já de início roubados de sua terra-mãe. Os tratores abriram gangrenas incuráveis ao redor da fábrica, onde se aninham as moradias.

Quando o novo morador chega, começa por comprar tábuas velhas de construção e erguer seu barraco, ficando-lhe desse início uma dívida que para ser saldada cobre três meses de trabalho.

Aqui, a desordem da extrema pobreza faz crescer essas tábuas sobre barrancos a pique, de difícil acesso porque a enxurrada cava abismos nos sopés. Restou a cor morta da terra despojada de húmus, a cor de madeira apodrecida. Sofrendo a constante erosão da chuva nos barrancos e a ventania, as paredes são precárias. A casa, o corpo e o trabalho vivem sob o signo da insuficiência: não vá o intruso forçar a porta de madeira compensada que defende seu interior, sacudir com passos apressados a engenharia delicada do barraco.

Todo o colorido foi sugado pelos cartazes da indústria, pelos letreiros, pelo verde do ajardinamento de seus declives.

---

1. Se lembrarmos que a palavra homem deriva de *húmus*, terra plantável, terra viva, compreenderemos como se desumanizou a terra.

A iluminação fria do mercúrio roubou a noite do bairro, roubou o negrume que rodeia o sono e ameniza o cansaço. No entanto, dê-se tempo ao tempo. Depois da absorção do bairro pela fábrica há um movimento contrário, lento, inexorável de desabsorção. A casa vai crescendo junto ao poço, ganhando cômodos de tijolo, alterando sua fachada. Isso pode levar dez, quinze anos.

A rua vai ganhando uma fisionomia tão peculiar que às vezes já não identificamos uma série de casas planejadas e outrora idênticas. Temos observado esse movimento lento e contínuo de diferenciação seja nos bairros de Goiás, planejados pelo BNH, como a Redenção, seja na zona mais esquálida de Osasco. Há uma composição paciente e constante da casa no sentido de arrancá-la à "racionalização" e ao código imposto.

Em abril e maio algumas ruas mudam de cor: o milho e as abóboras estendem sua folhagem amarelada nos mínimos espaços possíveis. Se o bairro pudesse ele seria semirrural, pois ainda vive tão atraído pelo rural que resiste muito ao cimento, ao cimentado no quintal que cobre a terra, que amordaça a planta, que queima a sola dos pés, preferindo o terreiro bem batido, onde um dia poderá nascer uma roseira, um pé de laranja, um capim.

O que dizer do interior das casas?

A matéria-prima dessas casas são os móveis fracos de compensado, as fórmicas, os pés tubulares de metal, o plástico, enfim, tudo o que o comércio impinge e que os refinados consideram de mau gosto. No entanto, com essa matéria-prima vai-se compondo o ambiente em que a família se reúne, acolhedor, quente e agradável, onde é bom estar.

O retrato de casamento na parede, a folhinha[2], os cromos em que a natureza e o homem convivem felizes, os retratos dos ausentes, de um irmãozinho morto há 20 anos... Aquilo que é essência da cultura, o poder de tornar presentes os seres que se ausentaram do nosso cotidiano. Talvez aquele toque ideal de intimidade e calor

---

2. A folhinha para conhecer o santo do dia, as fases da Lua, o que se planta e o que se colhe, o que se cria, que madeiras se pode cortar... e muitas outras curiosidades.

que os decoradores procuram dar em vão às salas burguesas: sofás superestofados, objetos escolhidos a dedo que, quanto mais diferenciados e pessoais procuram ser, mais nos rodeiam da monotonia dos valores de troca.

Se o migrante chega à cidade com raízes partidas, ali reinsere muitos traços da cultura popular que resistem à erosão.

O bairro começa a aparecer como um depósito de restos da sociedade industrial, de cujos detritos se faz a bricolagem nos barracos[3].

Mas vai se confirmando, erguendo-se, um burburinho constante chega a nossos ouvidos, ruídos de cantos e trabalhos, queixas e risadas... o riso aí é frequente por causa das ruas cheias de crianças.

Torna-se o lugar de uma sociabilidade calorosa na sua rede de parentesco e vizinhança que se estende aos bairros vizinhos.

Num domingo de manhã tem cheiro de roupa lavada, de comida no forno, com gente na porta, ranchos de mocinhas, muitas crianças reinando.

Tudo transfigurado pelo sol como se fosse um domingo sem segunda-feira!

* * *

É claro que a pobreza persegue esse movimento de diversidade desde o instante em que ele desfere o seu voo.

Há matizes do quotidiano que a simples comparação de orçamentos não revela: a janela aberta para outras janelas vizinhas e sempre abertas, a ausência de um canto para se estar só.

A mobilidade do espaço onde tudo muda de lugar continuamente: a sala que vira quarto, o quarto que vira cozinha, a cama que vira cadeira e onde não há um cantinho estável que não seja abalado pelas necessidades do dia e da noite.

Não seria possível nessa breve comunicação abordar outros exemplos de igual ou maior importância. Lembremos, contudo, que a divisão da jornada de trabalho fabril em turnos alternados tem desagregado o tempo de vida das classes pobres. Os turnos va-

---

3. Cf. Mello (1988). Análise densa e original que segue o trajeto de migração de Minas Gerais para Carapicuíba (São Paulo).

riam muito, mas podem ser assim: numa semana das 7 às 16h e noutra semana das 13 às 22h.

De todas as operárias que trabalhavam na seção de enlatamento de óleo, margarina e sabão, numa grande indústria, só uma persistia em conciliar trabalho e estudo, mas estava em vias de abandonar o esforço. Uma queixa constante do operário jovem é de que os períodos de trabalho ora diurnos, ora noturnos, impedem qualquer projeto de estudo, fechando-lhe para sempre o acesso à universidade.

Não só o ritmo natural é violentado no trabalho: todo o organismo é forçado a se dobrar ao ritmo da máquina que determina até a hora da refeição do trabalhador, o que tanto indignava Marx. Os ritmos sociais são também rompidos, as horas de encontro, de refeição, o serão. O ritmo de vida familiar perde toda a coerência.

Para Madeleine Delbrêl (1995), que compreendeu profundamente a diversidade e a unidade da condição proletária, o trabalhador compartilha com a matéria fragmentada uma espécie de comunidade de destino.

Ele sofre na sua vida a mesma força que analisa, penetra, perfura e secciona os objetos da indústria.

* * *

Não abordamos a diversidade psicológica, que é a diversidade por excelência, o gosto inesquecível da individualidade.

Nós encontraremos a pessoa, reduzida nas linhas de montagem, embrutecida nos bares, ansiosa nas filas do INSS, paciente nas greves.

Uma resistência diária à massificação e ao nivelamento, eis o sentido das formas da cultura popular.

Empobrecedora para a nossa cultura é a cisão com a cultura do povo: não enxergamos que ela nos dá agora lições de resistência como nos mais duros momentos da história da luta de classes.

Mas essa diversidade caiu no vazio: não há memória para aqueles a quem nada pertence. Tudo o que se trabalhou, criou, lutou, a crônica da família ou do indivíduo vão cair no anonimato no fim de seu percurso errante. A violência que separou suas articulações, desconjuntou seus esforços, esbofeteou sua esperança, espoliou também a lembrança de seus feitos.

Introdução

O presente trabalho deseja dar conta de um estudo realizado no campo de leitura de operárias.

O propósito inicial era saber se no contingente de operárias a que tivemos acesso se verificavam hábitos de leitura; ou, em outros termos, se a cultura impressa atingia, de algum modo, a mulher que trabalha em uma fábrica da periferia de São Paulo.

A escolha da leitura como veículo de comunicação foi intencional: o jornal, a revista e o livro exigem do consumidor uma certa opção inicial que aparece mais nítida do que na recepção em fluxo dos programas de TV e de rádio. Há um mínimo de volição do indivíduo no ato de se aproximar de uma banca, examinar o material exposto e comprar um determinado impresso. Essa cadeia de decisões parece implicar preferências mais delineadas do que as que motivariam a assistência a um programa de TV, por exemplo, sobretudo quando o aparelho já está ligado.

Acresce que o papel impresso tem a consistência do documento e poderá ser reexaminado sempre que necessário. A hora radiofônica já ouvida e as imagens da televisão já vistas são irreversíveis: o pesquisador não poderá recuperá-las nem confrontá-las com a ideia que delas guarda o sujeito da entrevista.

Há mais: dados o relevo e o longo passado com que conta o estudo da literatura, cremos que qualquer sondagem em um *corpus* de leituras poderia beneficiar-se de uma tradição de análise e de categorização, que ainda se acha em vias de se formar para os outros meios de massa. A pesquisa de leituras pode apoiar-se, sem maiores hesitações, no conhecimento dos gêneros e dos conteúdos próprios da arte literária, onde há séculos se constituíram disciplinas (como a Retórica e a Teoria Literária) capazes de classificar massas díspares de informação escrita.

Assim, na delimitação do objeto de nosso estudo, fomos guiados tanto por razões de ordem teórica (o pressuposto de uma atividade opcional do sujeito que lê) quanto por razões de ordem prática (a maior consistência e a situação cultural privilegiada do material analisável).

À medida que íamos colhendo as respostas das entrevistas, verificávamos a necessidade de ver com clareza toda uma problemática que rodeia e condiciona o fenômeno "leitura" no meio operário. Pareceu-nos que pelo menos duas áreas contextuais deveriam ser elucidadas para o melhor tratamento das respostas: (1) a área maior, abrangente, da comunicação de massa; (2) a área da "cultura popular" (expressão a ser discutida) na qual, por hipótese, se inscreveria uma leitora operária.

A utilidade de definir histórica e conceitualmente ambos os contextos levou-nos a proceder ao levantamento de algumas teorias básicas, matéria dos capítulos 1 e 2 deste estudo.

Foi o estudo diferencial da área específica da cultura popular que nos permitiu o trânsito do geral ao particular: no caso, o destaque de alguns traços contrastantes deu-nos sugestões para abordar o material empírico apanhado pelas entrevistas.

Essas foram estruturadas mediante perguntas abertas, algumas de tipo sugestivo como "Conte alguma notícia que leu ultimamente no jornal e que mexeu com você".

Escolhemos a técnica da entrevista por sua flexibilidade, pelo contato mais próximo com o sujeito, pela possibilidade de colher sua atitude geral ante uma pergunta. Muitas pessoas acham difícil escrever longamente; e, embora gostem de explicar bem sua resposta, são impedidas pela inibição, quando pouco instruídas, ou pelo cansaço.

Pareceu-nos que a entrevista também cria uma atmosfera de confiança, sendo possível tranquilizar o sujeito desde o início, afastando seus temores e esclarecendo os propósitos da pesquisa.

Introdução 31

A operária era estimulada a falar livre e francamente, a evocar suas lembranças de leitura.

O processo adotado deu também a oportunidade à entrevistadora de esclarecer suas dúvidas, perguntar de novo sobre pontos obscuros, enriquecendo sobremaneira as respostas.

As entrevistadas responderam com gentileza, boa vontade, criando uma atmosfera agradável e cheia de calor humano. Confiaram-nos recordações que as envolviam emocionalmente, às vezes empenhando toda a sua pessoa:

"As coisas que a gente lê sempre parecem com a vida da gente".

As entrevistas foram comentadas a partir de tendências que as frequências apontavam; mas, sendo exploratório o estudo, o tratamento dado ao material foi qualitativo, servindo as tabelas de percentagem do capítulo 3 apenas de expediente didático, sem nenhum comprometimento de ordem estatística.

Uma tese dessa natureza não tem nem deve ter ambições de atingir o limiar da representatividade. O que a pesquisa revelou foi o relacionamento constante de todo um grupo operário feminino com a chamada "comunicação de massa" escrita: resultado que parece justificar uma abordagem concêntrica que situa o "lazer impresso" das entrevistadas no círculo maior da indústria cultural.

A autora se sentiria compensada de seu esforço se o presente estudo pudesse abrir perspectivas para alargar a compreensão do problema da cultura no meio operário.

Se o tabelamento de fatos consumados é a plataforma, que o horizonte deste trabalho seja o conhecimento das possibilidades que as entrevistas mostraram existir nas jovens operárias.

1
Comunicação de massa
O dado e o problema

Para que o fenômeno em crescimento dos meios de comunicação de massa constitua um *dado* objetivo bastam as estatísticas para dizê-lo com a meridiana clareza das cifras[4].

O cientista social, em geral, e o psicólogo, em particular, acham--se diante de um conjunto altamente diferenciado de processos de informação: conjunto que afeta de modo poderoso a percepção da realidade que a nossa cultura está sempre reelaborando e conjunto em que interessa diretamente o comportamento do indivíduo em face dessa mesma realidade.

Mas o *dado* em si só vai passar ao nível do *problema* científico na medida em que o observador se colocar em algum ponto de vista para apreender um ou mais traços diferenciais desse conjunto.

Tomando, por exemplo, o quadro utilizado por Roman Jakobson (1968), atinente aos fatores da comunicação em geral, teríamos seis ordens de problemas a enfrentar, desde que nos proponhamos a sair do plano da mera constatação estatística:

---

4. A título de exemplo: um país como o Brasil, ainda não alinhado entre as nações plenamente desenvolvidas, contava, em 1966, com mais de 900 estações de rádio, com 40 estações de TV, com 3 mil cinemas (o total anual de ingressos subia a 300 milhões), com 77 semanários (o total anual de exemplares era de 90 milhões) e com 422 mensários (o total anual de exemplares era de 121 milhões), conforme estatísticas do IBGE e da Unesco para 1966. Nos dois últimos totais deve-se incluir o subtotal referente a *histórias em quadrinhos*, de periodicidade variada (semanais, quinzenais, mensais, bimestrais, trimestrais): 96.642.660 exemplares, conforme *Veículos Brasileiros de Publicidade* (1967).

(a) problemas relativos ao EMISSOR da mensagem;

(b) problemas relativos ao DESTINATÁRIO da mensagem;

(c) problemas relativos à MENSAGEM em si;

(d) problemas relativos ao CANAL da mensagem;

(e) problemas relativos ao CÓDIGO da mensagem;

(f) problemas relativos ao CONTEXTO da mensagem[5].

O quadro acima traz-nos discernimento não só para compreender os componentes do processo de comunicação, em geral, como também para detectar com maior clareza fatores pertinentes à comunicação de massa.

É fácil ver que os itens (a) e (b) correspondem, de preferência, às diversas abordagens *psicológicas* possíveis. E é à Psicologia Social, em particular, que interessa descrever o comportamento de quem produz e de quem recebe a mensagem da comunicação.

O campo relativo à mensagem (c) pode ser explorado pela Semiologia, pela Teoria da Informação, pela Poética...

À Cibernética interessa de perto o conhecimento dos vários canais (d) pelos quais é veiculado o conteúdo informativo.

O código (e) pode ser estudado tanto pela Teoria da Informação como pela Semiologia, ciência geral dos sinais.

Enfim, amplo seria o espectro das abordagens que visam o domínio do contexto (f), ao qual se refere a informação: as ciências que estudam o ser que se comunica, enquanto integrado no seu ambiente, como a Sociologia, a História, a Economia, a Demografia, a Política etc.

---

5. Análise até certo ponto paralela a essa é a clássica divisão de Lasswell do processo da comunicação em "quem", "o que", "como", "a quem", "com que efeito". Como se vê, essa enumeração não ressalta problemas relativos ao contexto.

A propósito, usamos a palavra *contexto* num sentido amplo. Diz Jakobson (1968, p. 123): "Para ser eficaz a mensagem requer um contexto a que se refere, apreensível pelo destinatário e susceptível de verbalização, ou referente em outra nomenclatura algo ambígua".

Refere-se aos cânones do simbolismo de Ogden e Richards (*The Meaning of the meaning*).

Fizemos uma extensão semântica do contexto de referente. Os objetos a que se refere a comunicação de massa são objetos sociais situados no contexto de que se ocupa a Psicologia Social.

Daí a extensão para o sistema todo, em que os referentes aparecem quando a mensagem tem função referencial, isto é, tem um pendor para o contexto. Ele nos aparece aqui como o somatório dos referentes da comunicação de massa, *explícitos* como referentes da mensagem. *Implícito* fica o sistema em que esses conteúdos são nomeados.

Nas duas últimas décadas, começa-se a sentir que não basta o estudo analítico dos fatores para esgotar o sentido global do fenômeno "comunicação de massa". Começa-se a perceber que, enquanto manifestação peculiar às sociedades modernas, ele deve ser estudado como um todo, isto é, deve ser analisado em si. Assim o exigem os caracteres próprios que o fenômeno "comunicação de massa" foi assumindo na civilização industrial do pós-guerra[6].

Dessa situação é que surgiram alguns ensaios aproximativos de uma reflexão orgânica sobre a comunicação.

Ponto de encontro das várias perspectivas alinhadas há pouco, esses ensaios reservam-se, porém, à tarefa eminentemente sintética de determinar o sentido e o valor dos fenômenos dos *mass media*. Situando-se nessa linha de pesquisa mais alta e generalizadora, tal posição é capaz de ver também com mais nitidez os aspectos com que as disciplinas limítrofes (como a Psicologia Social) podem efetivamente contribuir para o esclarecimento do objeto, uma vez que elas são necessárias para a apreensão de toda sua complexidade.

Basta percorrer as imponentes bibliografias apostas aos livros clássicos sobre o assunto, bem como as modelares resenhas publicadas na revista francesa *Communications* (1961), para inferir da especificidade que os estudos sobre cultura de massa (**CM**) vêm reclamando cada vez mais para sua área de pesquisa.

A visão do fenômeno como um sistema relativamente novo no curso da história contemporânea tem solicitado a atenção de mentes teóricas originais como Merton, Lazarsfeld, Adorno, Benjamin, McLuhan e Umberto Eco, de tal sorte que já se podem delinear *teorias críticas* das comunicações de massa paralelas às análises descritivas do fenômeno.

---

6. "[...] a maioria dos estudiosos admite como característica típica dos MCM a possibilidade que estes apresentam de atingir vasta audiência simultaneamente, ou dentro de breve período de tempo centenas de milhares ou milhões de ouvintes, de espectadores, de leitores. Esse critério encontra-se explicitado na definição proposta por Larsen (1968): Definida em termos gerais, a CM refere-se à exposição relativamente simultânea de uma audiência ampla, dispersa e heterogênea, a estímulos transmitidos por meios impessoais, a partir de uma fonte organizada, para a qual os membros da audiência são anônimos" (Pfromm Netto, 1969, p. 31).

Comunicação e cultura de massa

Um primeiro passo dessas tentativas globais foi o de relacionar conceitos de comunicação de massa e cultura de massa.

Para o objetivo desta tese (cuja área específica é o consumo de material impresso por um grupo de pessoas da classe operária), a aproximação parece de todo pertinente. O contexto privilegiado da comunicação de massa é a sociedade industrial do século XX, que tem entre seus traços definidores a democratização da informação. Aquilo que até meados do século XIX significava a cultura (uma educação humanística ampla, mas acessível apenas à nobreza e à alta burguesia) não tem mais vigência à medida que os meios de informação, e mesmo de formação profissional, se vão generalizando.

Há, cada vez mais, largas faixas de comunicação não acadêmica comuns a várias classes sociais: a ação do rádio, da TV, do cinema, dos jornais, das revistas, dos livros de bolso, é de tal sorte que, em termos quantitativos, se pode aproximar (e, não raro, identificar) os meios de comunicação e os meios de cultura, sobretudo nas nações mais desenvolvidas.

Entretanto, fosse pacífica a admissão desse tipo de nexo, não teriam surgido, nas últimas décadas, teorias da comunicação diferenciadas das teorias da cultura popular. E o que marca o "estado da questão" hoje é, precisamente, certa atmosfera polêmica em torno da equação ou da inequação que vincularia os dois termos postos em confronto.

A tensão chega, às vezes, a pacificar-se em fórmulas conciliantes que apenas renunciam prudentemente a levar às últimas consequências teóricas, quer os postulados de semelhança, quer os de dissemelhança, em tela.

No entanto, não se trata de uma discussão ociosa, gratuita. Os seus resultados afetam o coração mesmo de qualquer planejamento democrático em áreas prioritárias como a Educação e a Cultura. Temos a alternativa: se os meios de comunicação de massa estão servindo satisfatoriamente à cultura popular, então temos uma função direta que importa fazer crescer; caso contrário, isto é, havendo sérias defasagens, temos uma disfunção que convém, pelo menos, diagnosticar.

É nesse quadro de referências que se movem os teóricos do significado e do valor desses veículos, cujo trabalho se apoia, necessariamente, na observação atenta dos vários fatores envolvidos no processo global da comunicação.

Teorias da cultura de massa

Nesta altura, procuraremos examinar as teorizações que nos pareceram mais vigorosas. Elas, de certo modo, preparam a abordagem da segunda parte deste trabalho em que afunilaremos a questão colocando alguns dos fatores em jogo.

Uma teoria psicossocial: o funcionalismo americano

Foi no campo das pesquisas psicológicas e sociológicas dos Estados Unidos que amadureceram as primeiras teorias sobre as funções da comunicação de massa.

Os Estados Unidos foram o primeiro país que cruzou o limiar de uma sociedade massiva: lá se desenvolveram conflitos inter-raciais e intergrupais que cedo atraíram a atenção de cientistas sociais, alguns deles vindos de uma Europa convulsionada como Lewin, Adorno, Lazarsfeld e Löwenthal.

Houve, sobretudo a partir da crise de 1929, uma forte preocupação de conhecer os dinamismos psicossociais: atitude que não se explicava, naturalmente, por motivações acadêmicas, mas porque se fazia mister prever (e, mesmo, manipular) a opinião pública nos casos em que ela deveria manifestar-se maciçamente, como nas eleições. Daí toda uma vasta literatura em torno dos efeitos que a imprensa, o rádio e o cinema poderiam exercer sobre o público.

Da mole desses estudos parcelados emergiu uma teoria funcionalista. Ela é basicamente contextual, embora o seu eixo epistêmico seja não um conceito macroestrutural (classe, sociedade), mas psicossociológico: a interação dos indivíduos na rede social mediante os meios de comunicação.

O quadro exposto por Charles R. Wright (1964) pode ilustrar claramente essa tendência teórica.

Quais os principais objetivos da comunicação de massa? Wright responde:

(a) Detecção prévia do meio ambiente (consiste na coleta e distribuição de informes sobre os acontecimentos do meio);

(b) Interpretação e orientação (consiste na seleção, avaliação de notícias, feitas, em geral, pelos editoriais de jornal visando orientar o leitor para certo tipo desejado de reação às notícias);

(c) Transmissão de cultura (consiste na comunicação de informações, dos valores e normas sociais de uma geração a outra ou de membros de um grupo a outros recém-chegados. É a atividade educacional);

(d) Entretenimento (consiste nos atos comunicativos com intenção de distrair, divertir o receptor).

As consequências dessas atividades de comunicação de massa chamam a atenção dos teóricos da "análise funcional", cujos conceitos nos são úteis.

Cada uma das atividades acima enumeradas pode exercer *funções* e também *disfunções*. Essas seriam resultados indesejáveis do ponto de vista do bem-estar da sociedade ou de alguns dos seus membros. Por exemplo, uma campanha contra poluição do ar pode causar medidas eficientes de saúde pública (função), mas pode motivar, além disso, uma ansiedade difusa na comunidade (disfunção). Tanto a função como a disfunção podem ser manifestas (efeitos pretendidos) ou latentes (efeitos não pretendidos). Uma e outra existem para a sociedade, para os subgrupos, para os sistemas culturais e para o indivíduo.

Wright, na verdade, especifica a abordagem funcional de Merton e se assenta sobre os *efeitos* que os meios de comunicação em massa produzem no indivíduo. Toma-se por modelo a ação da propaganda sobre o público de massa. A questão candente seria, nesse exemplo: essa ação é função do equilíbrio psíquico e do enriquecimento cultural do cidadão? Ou é uma disfunção que violenta o seu livre-arbítrio, apoucando-lhe o discernimento?

A função/disfunção pode, no parecer de Lazarsfeld e Merton (1957), ocorrer em três campos:

(a) atribuição de *status* a um indivíduo, ou legitimação desse prestígio. Pessoas "importantes" aparecem na TV para endossar o conteúdo da propaganda ou a veracidade da notícia transmitida;

(b) reforço das normas sociais explícitas ou implícitas, por meio de alternativas fatais. A publicidade elimina o hiato existente entre a moral particular e a pública. Sirvam de exemplos as grandes "cruzadas" radiofônicas ou televisivas contra o alcoolismo, o comunismo ou o pacifismo;

(c) disfunção narcotizante. A publicidade concorre para produzir uma parcela populacional apática e inerte. A massa de informações é recebida passivamente e não se integra em qualquer projeto social ou intelectual organizado por parte do receptor. Por passividade entendem Lazarsfeld e Merton tanto o conformismo sociopolítico quanto a recepção de estereótipos culturais e estéticos, em particular. A influência da comunicação de massa também deriva do que ela não diz, das suas omissões.

Para apreender a estrutura lógica subjacente a esse tipo de abordagem é necessário analisar a própria teoria funcionalista no âmbito sociológico.

Para o autor do clássico *Social theory and social structure* (1949), Robert King Merton, o cientista social deverá ainda por muito tempo renunciar às teorias globais da sociedade, ambiciosas e fatalmente vagas, e se ater a campos limitados que possam pôr em jogo conceitos de "médio alcance", mas, por isso mesmo, operacionais. Nas palavras de Merton (1949):

> Podemos concluir que a Sociologia avançará na medida em que a sua preocupação maior for a de desenvolver teorias

específicas, e que ela se arrisca, ao contrário, a marcar passo, se se orientar para teorias gerais. Creio que nossa tarefa principal, hoje, consiste em desenvolver teorias aplicáveis a uma gama limitada de dados – por exemplo, os da dinâmica das classes sociais, das pressões sociais em conflito, da autoridade, do poder e do exercício da influência interpessoal – de preferência a procurar imediatamente um quadro conceitual "integrado" que permita derivar todas essas teorias.

Esse cauto realismo que teme extrapolar, embora reconheça a utilidade das generalizações, acaba articulando um compromisso entre a observação de alguns fatos (empirismo) e a teorização mais geral: atitude de que resulta um conceito mediador entre as partes e o todo, ou seja, o conceito de *função*.

Na terceira parte de *Social theory and social structure*, intitulada "Funções manifestas e latentes: para uma classificação da análise funcional em sociologia", Merton propõe o funcionalismo como o mais fecundo dos métodos de interpretação sociológica.

O que é uma função? Para Merton, seria preciso distinguir entre as acepções da palavra e o uso etnossociológico, proposto por Radcliffe-Brown e por Malinowski, antropólogos, mestres de Robert K. Merton. É o que interessa ao autor e a nós outros.

O modelo aceito pelos mestres do funcionalismo é o biológico. Radcliffe-Brown (1949, p. 22) afirmara que "a função de um processo fisiológico recorrente é uma relação entre este e as necessidades do organismo"; e, partindo dessa definição, estabelecia que "a função de toda atividade recorrente, por exemplo, a punição de um crime ou uma cerimônia fúnebre é o seu papel na vida social e a sua contribuição para o sustentáculo da continuidade das estruturas".

Em palavras quase análogas, disse Malinowski que "a função é o papel que os elementos culturais ou sociais desempenham na sociedade".

Enfim, um antropólogo funcionalista moderado, Clyde Kluckhohn, afirmou: "um detalhe determinado de uma cultura é *funcional* na medida em que define um modo de adaptação do ponto de vista da sociedade, e um modo de ajustamento do ponto de vista do indivíduo".

Criticando certos empregos muito gerais do conceito, Merton entrevê em toda análise funcionalista três postulados que podem constituir verdadeiros riscos metodológicos no ato da pesquisa:

A sociedade apresenta uma estrutura orgânica tal, que é possível vincular funcionalmente cada uso ou cada instituição ao sistema inteiro. É o postulado mais ambicioso, pois com ele se integram, *a priori*, as necessidades do indivíduo e o funcionamento do todo social. É fácil concluir que, enquanto "proposição totalizante", esse postulado não interessa a Merton, que prefere ater-se a conceitos de médio alcance e a constatações setoriais.

O postulado do funcionalismo universal. Que todos os usos e costumes desempenhem um papel no funcionamento do grupo social parece igualmente uma proposição abusiva. Merton corrige-a pela hipótese de que "as formas culturais persistentes têm um saldo positivo no tempo, quanto às suas consequências funcionais". Há formas que permanecem quando já as suas funções se atrofiaram.

Enfim, o postulado da necessidade. Cada uso, objeto, crença ou ideia cumpre um papel indispensável no organismo da sociedade. Trata-se de uma evidente petição de princípio. Afinal, o que é *necessário* para que se mantenha uma estrutura social? – A existência de certas funções. Mas o que definiria essas funções? A sua necessidade (em relação ao funcionamento do todo).

Merton entende depurar o funcionalismo de tudo o que dele faça uma teoria finalista. Daí o cuidado, tão presente na sua abordagem da comunicação de massa, de particularizar, mediante análises, o uso das funções. Na verdade, o próprio termo "disfunção", que aparece no elenco dos papéis exercidos pelos *mass media*, está a indicar que Merton andava longe de aceitar o postulado vago e hipotético de uma harmonia universal entre o todo social e os seus "órgãos" de comunicação. Postulado que velaria uma tendência ideológica conservadora do *status quo*.

Aliás, Merton se preocupa em responder a objeções dessa natureza. Comparando sua teoria com algumas premissas do materialismo dialético (o movimento do todo, a necessidade da negação), Merton afirma que a análise funcional não é intrinsecamente nem revolucionária nem conservadora. É uma teoria e um instrumento neutro da ciência, mas "torna o sociólogo sensível, para além das implicações científicas, políticas e ideológicas".

O próprio conceito de disfunção como geratriz de instabilidade nos faz verificar que, tornando-se disfuncional o peso de uma estrutura, faz-se imperioso um desejo de mudança. Passado o limiar, essa necessidade conduz à mudança social? A análise funcional pode-se concentrar tanto na dinâmica quanto na estabilidade. O fato é que, numa estrutura dada, pressões e tensões se acumulam sob a ação dos elementos disfuncionais.

Para Ruy Coelho (1969), Merton, como a maioria dos estrutural-funcionalistas, faz dos valores o centro da sua teoria. Será disfuncional a inovação porque produz instabilidade e leva à anomia? Mas a ideologia do êxito dentro do próprio sistema, que impede mudanças estruturais e preserva a estabilidade, também é tachada de disfuncional. O critério para distinguir função de disfunção parece arbitrário. Um elemento pode ser funcional em um contexto e disfuncional noutro.

Ruy Coelho vê, no entanto, como grande contribuição de Merton ter ele redefinido o problema das relações entre indivíduo e ordem social.

Florestan Fernandes (1953) refere-se à "zona obscura da interpretação funcionalista", uma vez que o conceito de função recebeu tantas definições quanto os contextos de pensamento no qual foi incorporado.

Na definição de disfunção há alguma subjetividade.

Sendo um conceito de base biológica, superada a disfunção, dever-se-ia voltar a uma ordem anterior, como no organismo. Mas o que acontece? Os sistemas sociais são diferentes dos sistemas naturais, ressalta Florestan Fernandes. Uma teoria dialética dirá que no movimento histórico a síntese não é uma volta ao estado antigo, mas uma superação, uma ordem nova.

* * *

Aplicando um coeficiente positivo e um coeficiente negativo a cada uma das funções possíveis da comunicação de massa, Wright (1964) procurou temperar qualquer valoração ou desvaloração do fenômeno em tela.

Teríamos:

Como *instrumento informativo*, os meios de massa podem promover ou prestigiar certos temas ou certas pessoas (+), mas podem, igualmente, levar o destinatário à confusão, à ansiedade, ao pânico (-). Na mesma linha negativa, os meios de cultura de massa (**MCM**) podem aparecer como disfunção narcotizante (Merton), conduzindo o destinatário à apatia e à privatização (refúgio na vida particular causado pela saturação do indivíduo em face de um noticiário díspar e exterior à sua experiência cotidiana).

Como *instrumento interpretativo*, os MCM selecionam, avaliam e explicam ao sujeito uma grande massa informativa que lhe poderia chegar dispersa ou caótica. É a função educativa dos editoriais, dos debates, das mesas redondas (+). Simetricamente, a mesma orientação pode produzir conformismo, aceitação de certos esquemas judicativos. Sem falar na censura que pode impedir a discussão de temas sociais e políticos "explosivos" (-). De resto, o hábito de receber pronta a interpretação dos dados pode engendrar uma disfunção do espírito crítico.

Como *instrumento socializador*, os meios têm a função de aproximar os indivíduos dentro de um campo comum de imagens, ideias e experiências; campo que não poderia existir se considerarmos separadamente os usuários da comunicação nas suas esferas familiar e profissional. Em contrapartida, pergunta-se Wright (1964, p. 25), "até onde a perda de variedade e de criatividade subcultural resulta da transmissão de uma visão estandardizada da cultura?" Para o indivíduo, uma das desvantagens é a despersonalização do processo de socialização. David Riesman (*apud* Wright, 1964) nota que as lições morais das histórias contadas por meio da comunicação de massa não se podem ajustar à capacidade do ouvinte individual, como ocorreria numa história contada diretamente. Daí, a criança hipersensível fazer exigências indevidamente ásperas a si mesma quando interioriza, sem intermediários, as lições culturais de livros, filmes, TV e outros veículos.

Vê-se que o modelo de Merton atua num estudioso de comunicação, como Wright, no sentido de ministrar proposições de fato e de valor. Umas e outras apanhadas enquanto *funções* (ou disfunções) dos veículos de massa dentro da rede social. A teoria releva, em última análise, o fator efeito e o generaliza a ponto de usá-lo como conceito-chave para a compreensão do fenômeno global[7].

É provável que a tônica no fator *efeito* se explique na medida em que o funcionalismo parte da interação emissor-destinatário, isto é, de uma dimensão basicamente psicológica dos *mass media*. Daí, também, a forte preocupação pelo indivíduo que subjaz ao critério de função e de disfunção, tal como se depreende dos textos de Merton e de Wright.

Por outro lado, esse modelo, como já vimos, era uma teorização esperável depois de três decênios de observações e pesquisa em torno dos efeitos da comunicação de massa.

O meio como mensagem

A abordagem funcionalista tende a privilegiar o nexo emissor--destinatário, perguntando que tipo de influência (funcional? disfuncional?) ocorre a partir da comunicação de massa. Nos meados da década de 1950, novas conquistas da eletrônica condicionaram um tipo de estudo voltado para os fatores técnicos do fenômeno. A televisão, em particular, representou essas conquistas.

Uma visão do problema em termos de *canal* e de *código* (de meio e de sistema de sinais específico) é a que se depreende de estudiosos norte-americanos recentes como Marshall McLuhan e Edmund Carpenter.

---

7. Um apologista da sociedade de massas, como Shils, ao levantar um saldo altamente positivo dos meios de comunicação, nada mais faz do que se situar na perspectiva funcionalista. Sem ter o equilíbrio de Merton, de Lazarsfeld e de Wright, que sabem apontar realisticamente os efeitos menos felizes (as disfunções) ao lado dos aspectos satisfatórios do fenômeno que estudam (Shils, 1966).

1 Comunicação de massa – O dado e o problema 45

Em um curioso artigo, publicado em 1954, na revista *Commonweal*, e integrado, mais tarde, em *Mass culture, the popular arts in America*, Marshall McLuhan esboçava uma história dos meios de comunicação de massa, na qual serviam de balizas revolucionárias a invenção da imprensa (séc. XV) e a da televisão (séc. XX). O eixo do discurso de McLuhan era a importância assumida pelo *meio* ("*medium*" – canal) veiculador das mensagens.

O parágrafo que abre o artigo "Sight, sound and fury" é sintomático da nova perspectiva:

> Na sua recente visita à América, Roy Campbell revelou que, quando Dylan Thomas descobriu que podia ler poesia no rádio, tal descoberta transformou sua poesia, melhorando-a. Thomas descobriu uma nova dimensão da sua linguagem quando estabeleceu uma relação nova com o público (McLuhan, 1957, p. 7-11).

A mais simples análise semântica do passo acima nos mostra quanto o pensamento do autor subordina ao uso do novo *canal* (rádio) os fatores *emissor* (o poeta Dylan Thomas), *receptor* (a audiência do programa) e a própria *mensagem* (o texto poético a ser transmitido).

No âmago desse pensamento está o pressuposto de que os meios de comunicação usam códigos adequados a sentidos do corpo humano. Assim, a transmissão oral de contos e lendas, anterior à Renascença, aplicava-se ao ouvido. A partir de Gutenberg, dá-se ênfase ao segmento escrito, isto é, aplica-se a visão (em exercício linear) à matéria do conhecimento; enfim, dessa última especialização excessiva nos teriam livrado o telefone, o cinema sonoro e a televisão (imagem mais som). Na era eletrônica em que vivemos, não só um sentido, audição ou visão, mas um processo de envolvimento múltiplo audiovisual definiria o relacionamento entre emissor e receptor, condicionando novas mensagens.

Dessa constatação McLuhan tira consequências radicais que têm suscitado adesões e polêmicas igualmente apaixonadas. Comecemos pela análise de *La galáxia de Gutenberg* (1969a), em que assume forma de sistema o pensamento do autor.

A prática da escrita impressa teria isolado um sentido, a visão, numa só direção (linear) e teria atrofiado os demais sentidos, especialmente a audição. O ouvido, órgão receptor por excelência nas sociedades arcaicas e primitivas, ter-se-ia embotado pela mecânica tipográfica dos últimos 500 anos da história ocidental.

Só muito recentemente, graças à presença do rádio e da TV, volta-se a estimular aquele sentido.

O processo tipográfico, investindo contra a estrutura sensorial dos indivíduos, foi responsável por uma percepção unilateralmente linear abstrata, fragmentadora, hiperanalítica, gerando desordens profundas de personalidade, entre as quais o autor de *La galáxia de Gutenberg* menciona a esquizofrenia (!).

A escritura teria (e tem) agido como um fator isolante, arrancando o homem da sua comunidade verbo-oral, destribalizando-o portanto.

Reportando-se às duas culturas do mundo antigo, a oral e a letrada, comenta McLuhan (1969a):

> Os pré-socráticos ainda tiveram, em geral, uma cultura analfabeta. Sócrates esteve na fronteira entre aquele mundo oral e a cultura visual do alfabeto. Mas nada escreveu. A Idade Média julgou Platão um simples escriba ou amanuense de Sócrates. E Santo Tomás de Aquino considerou que nem Sócrates, nem Nosso Senhor confiaram seus ensinamentos à Escritura, porque não era possível por meio dela a classe de interação entre as mentes, necessária à doutrinação (McLuhan, 1969a, p. 23).

O próprio Platão que, à diferença de Sócrates, redigiu seus diálogos, revelou-se crítico acerbo da escrita, quando exproba, pela boca do sábio egípcio Thamus, o inventor da escritura:

> Esta, na verdade, produzirá, na alma dos que a aprenderem, o esquecimento, pelo descuido da memória, pois, fiando-se na escritura, recordarão de um modo externo, valendo-se de caracteres alheios. Não é, pois, o elixir da memória, mas o da rememoração o que achaste. É a aparência da sabedoria, não a sua verdade, o que proporcionas a teus olhos, pois, uma vez que tenhas feito deles eruditos em muitas coisas, não enten-

1 Comunicação de massa – O dado e o problema

dendo de nada na maioria dos casos, e a sua companhia será difícil de suportar porque se terão convertido em sábios pela sua própria opinião, em lugar de serem efetivamente sábios (Platão *apud* McLuhan, 1969a, p. 45).

Depois de séculos de saturação de uma tecnologia óptico-linear, entramos em um espaço cultural novo, ou novamente auditivo, criado pelos canais eletrônicos de comunicação (rádio, telefone, TV). Meios que envolvem o sujeito, integram-no em um campo de vivências e, por paradoxal que possa parecer, lhe conferem uma percepção quase tão rica quanto a do homem analfabeto ou primitivo.

O ocidental, destribalizado desde a invenção da imprensa, retribaliza-se:

> O homem moderno, desde os descobrimentos eletromag-néticos de há mais de um século, está-se cercando de todas as dimensões do homem arcaico positivo (McLuhan, 1969a, p. 105).

Da análise de McLuhan depreende-se um núcleo de valores que afetará toda a sua visão dos meios de comunicação de massa. Esses serão tanto mais válidos quanto mais se acercarem de um ideal de envolvimento completo. Por esse critério de simultaneidade ficam relegados a um plano inferior o jornal "formativo", de tipo europeu, e o livro, resíduos que são de uma técnica óptico-linear instaurada a partir da Renascença. Tudo que se define como "galáxia-Gutenberg" aparece, nessa perspectiva, antiquado e empobrecedor.

No extremo oposto, os meios eletrônicos (e McLuhan privilegia sempre a TV) põem em xeque a linearidade e levam o espectador a uma fusão de som e imagem, introduzindo-o sem rodeios no campo vivencial que configuram.

Diz Edmund Carpenter, corroborando a posição de McLuhan:

> Dos novos idiomas a TV é a que mais se aproxima do drama e do ritual. Combina música e arte, linguagem e gesto, retórica e cor. Favorece a simultaneidade das imagens visuais e auditivas. As câmeras focalizam não os locutores, mas as pessoas com quem ou sobre quem se fala; a audiência ouve

o acusador, mas vê o acusado. Numa única impressão, ouve o promotor, vê tremerem as mãos do vigarista da grande cidade e procura surpreender o olhar de indignação moral no rosto do Senador Tobey. Isso é drama autêntico, em marcha, com o desfecho incerto. A imprensa não pode fazer isso: tem uma vocação diferente. Os livros e filmes apenas fingem incerteza, mas a TV ao vivo retém esse aspecto vital da existência. Visto na TV, o incêndio da Convenção Democrática de 1922 ameaçava converter-se em breve numa conflagração; visto no noticiário cinematográfico, era história, sem potencialidade (Carpenter; McLuhan, 1960, p. 165-166).

Por meio das técnicas em "mosaico" (assim chama McLuhan aos processos de montagem simultânea da TV e dos meios que a imitam), unifica-se a linguagem do homem contemporâneo que, apesar das distâncias, está vivendo numa só *global village*. A era eletrônica não seria, portanto, mais uma etapa na história da mecanização e da atomização, peculiares ao *Homo typographicus*. Ao contrário, ela significaria uma ruptura com ambas e a retomada de uma convivência orgânica, tribal.

Os ensaios de *Understanding Media* (1969b) não são mais do que variações polifônicas sobre esse tema. Neles se insiste nas correlações entre o organismo humano e os novos meios de massa. Cada nova tecnologia é uma nova extensão de nós mesmos. Cada meio que surge é uma nova possibilidade de expressão para o homem.

A palavra, fonética-escrita, sacrificou mundos de significado e percepção. As culturas letradas somente dominaram as sequências lineares, concatenadas como formas de organização novas; a fragmentação da experiência em unidades uniformes: eis o segredo da imprensa.

As diferenças entre a comunicação oral e a escrita são diferenças de ordem semântica, psicológica e sociológica e geram diferentes comportamentos e percepções. O olho do leitor, buscando um significado após outro, faz uma codificação linear do real. As novas linguagens eletrônicas exigem uma outra codificação, simultânea, que recupera, de uma certa forma, a percepção do homem pré-letrado. O livro isola, a palavra falada agrupa. O livro leva ao "ponto de vista", a uma atitude crítica, a palavra falada implica uma participação emotiva.

Riesman, comentando McLuhan, observa que, quando uma sociedade depende da memória, recorre à rima, ao ritmo, à melodia, à mestria dispositiva, à repetição de sons e imagens. Como tendemos a recordar melhor as coisas mais profundamente sentidas, as palavras recordadas na tradição oral são frequentemente as mais carregadas de sensibilidade coletiva. "Para os homens da tribo, as palavras são como a água que deve passar de mão em mão com o maior cuidado para que nem uma gota se perca" (Riesman, 1960, p. 109-116)[8].

Essas observações revelam um McLuhan nostálgico de uma era em que a vida humana teria sido mais íntegra, menos fragmentada. Era o que as técnicas eletrônicas estariam começando a restaurar. Toda a tecnologia nos obriga a novos equilíbrios. A eletricidade envolve o indivíduo com toda a humanidade. O computador que traduz outras línguas anuncia o advento de uma "condição pentecostal de compreensão e unidade universais": as línguas foram superadas por uma consciência cósmica geral. O globo foi eletronicamente contraído e a consciência humana terá, para McLuhan, aumentado a sua responsabilidade, o seu compromisso com os outros. Aparecem, pois, como corolários da tecnologia, uma empatia entre os homens e uma aspiração pela totalidade.

Esse otimismo se patenteia em *Mutations 1990* (McLuhan, 1969c), livro que aborda o problema do estudante numa escola-planeta. O aprendizado seria uma exploração lúdica da realidade, semelhante à da criança, à do artista. A aula sem paredes seria ministrada pelos meios de comunicação de massa.

Nós, remanescentes de uma galáxia quase extinta, a de Gutenberg, estamos presos às sequências lineares, a uma objetividade que é uma espécie de não solidariedade com o universo. Como julgar esse novo

---

8. É nesse ensaio que o autor comenta a polêmica de McLuhan contra a imprensa: "Talvez seja compreensível que um canadense tenha sido o primeiro a estudar sistematicamente tais problemas depois de observar as florestas de seu país serem derrubadas em benefício do *Reader's Digest* e outras formas do imperialismo americano do lugar-comum impresso" (Riesman, 1960).

mundo lúdico, de pleno envolvimento sensorial? Podemos, talvez, duvidar de que o envolvimento dos sentidos bastará para despertar uma responsabilidade (ética) pelo semelhante; e que uma cena do Vietnã vista na TV leve a um compromisso para com as vítimas da guerra.

* * *

McLuhan, reduzindo toda a sua problemática à estrutura do canal, e articulando-a somente com os sentidos do receptor, acaba erigindo como supremos critérios de valor as *mediações* técnicas do fenômeno comunicação de massa. Daí ser unilateral o seu juízo da própria cultura de massa: positiva, se veiculada eletronicamente; negativa, em caso contrário.

Apesar do brilho com que o ensaísta canadense expõe os seus pontos de vista, deve-se apontar, no fulcro de sua argumentação, um ponto bastante discutível: a relação de causa e efeito que sustenta toda a teoria.

Assim, é excessivo atribuir à difusão da imprensa, que ocorreu lentamente a partir do século XVI, *todas* as características religiosas, políticas, morais, artísticas e literárias do mundo moderno. McLuhan parece ignorar ou descurar uma poderosa tradição de estudos sócio-históricos sobre a Renascença, tradição que já levantou minuciosamente os fatores individualizantes que se seguiram às Cruzadas, desde os séculos XIII e XIV, antes, portanto, da invenção de Gutenberg: a crise do feudalismo e da cavalaria; a formação da economia mercantil e bancária, base do capitalismo moderno; a ascensão da burguesia; as crises seguidas da Igreja; a marcha da laicização na esfera do pensamento e da práxis cotidiana; a secularização; o crescimento das cidades; o surgimento das carreiras liberais e da instrução profissional; a solidificação dos sistemas burocráticos no interior dos Estados Modernos[9]...

Esses fatores precederam, de muito, a difusão do livro impresso que apenas acabou servindo-os com eficácia.

---

9. Cf. a esplêndida síntese do historiador weberiano Alfred von Martin (1960).

1 Comunicação de massa – O dado e o problema 51

Na realidade, a perda da vida comunitária deve-se a um conjunto de causas muito mais complexas do que a mera difusão da imprensa.

A crítica, baseada em fatores históricos, nos ensina que, no momento em que o trabalhador foi privado de seus instrumentos de produção, uma elite, que não faz trabalho manual, passa a organizá-lo: é a hegemonia da ordem burguesa.

A formação do mundo moderno deve-se à expansão urbana e comercial que se seguiu às cruzadas, quando se desagrega uma ordem feudal. O processo que remonta, pelo menos, ao século XII e que daria impulso ao Renascimento, não pode ser substituído por uma invenção do século XV. Seria ignorar 300 anos de vida burguesa e, portanto, individualizante.

Tal fator nasce mais de mudanças estruturais na sociedade europeia medieval do que de elementos técnicos da organização das novas linguagens. A imprensa encontrou já, em pleno funcionamento, esse processo individualizante que parece ainda bastante resistente, mesmo sob o impacto das novas linguagens.

A passagem, descrita por McLuhan (1969b), do mundo anterior para o mundo posterior a Gutenberg, lembra a clássica distinção de Tönnies (1955) entre "comunidade" (*Gemeinschaft*) e "sociedade" (*Gesellschaft*). O autor de *Understanding Media* (1969b), McLuhan, que se professa católico-tomista, compõe um quadro idílico da era medieval, pré-tecnológica, e vê como sinal de bom augúrio o triunfo dos meios eletrônicos capazes de promover um novo "ecumenismo" entre os povos. A televisão, hoje, teria agrupado aqueles leitores solitários do livro, assim como, na Idade Média, a audiência de manuscritos margeados de iluminuras aproximava monges e leigos.

Além dessa retificação, que situa com maior pertinência e menor ênfase o papel da imprensa na cultura moderna, deve-se lembrar que sobreviveram a Gutenberg meios tradicionais de comunicação.

Sirva de exemplo a música vocal que, em vez de calar com a Renascença, chegou ao fastígio precisamente nos séculos XVII, XVIII e XIX, período em que triunfa a ópera italiana e francesa, misto de teatro e melodia (melodrama). O mesmo se deu com a tragédia, a comédia e a farsa (gêneros dramáticos orais, amplamente difundidos na Europa Clássica e Romântica). Sem falar nas formas populares de cultura não escrita, que em toda a Europa se mantiveram até pelo menos fins do século passado: rituais, festas litúrgicas e profanas, cantos, hinos, danças, representações, orações, contos infantis, relatos verazes ou fantásticos (as "estórias" ao pé do fogo), adivinhas, esconjuros, termos de calão, trovas, provérbios, anedotas, conselhos de ofício ou de vida privada: enfim, todo um substancioso *corpus* de expressão oral que subsistiu à margem da cultura impressa e que ainda tem seu papel no mundo civilizado.

McLuhan certamente viu com lentes de aumento os efeitos da imprensa nos últimos séculos. E o exagero parece ainda mais agudo quando lembramos que a alfabetização maciça e compulsória só atingiu o homem ocidental muito recentemente[10].

Focalizando *a priori* uma só técnica de informação, McLuhan subestimou os verdadeiros agentes da mentalidade atomizadora que, com razão, deplora: o mercantilismo, a industrialização sem plano, o aburguesamento, a excessiva divisão de trabalho, a burocratização[11].

Esses complexos históricos permanecem e atuam, ainda hoje, na era dos meios eletrônicos. Eles são o suporte da *global village*. Entre todos, parece-nos de especial importância a crescente especialização do trabalho; pseudorracionalidade, ela atrofia toda a riqueza e a elasticidade do córtex humano em função de um só desempenho. Parece-nos um fator de empobrecimento bem mais marcante do que a especialização ocular que a imprensa solicita.

Para Octavio Paz (1967), os meios, em McLuhan, convertem-se em significantes e produzem, automática e fatalmente, os significados. Mas a relação entre significante e significado é con-

---

10. Tome-se o exemplo da nação mais industrializada da Europa: a Inglaterra. Sabe-se que só a partir do *Education Act*, promulgado em 1870, os pais ingleses foram obrigados a promover a alfabetização dos filhos (Williams, 1969, p. 315).

11. O autor, fechando os olhos a toda a história da economia moderna, chega a atribuir à imprensa até mesmo a existência de empregos, isto é, a instituição do trabalho dividido e remunerado.

vencional e arbitrária: é um dos produtos, o mais alto, do pacto social. Se o significado dos signos advém de uma convenção, e se os meios de comunicação são signos, seu significado deve ser o produto de uma convenção.

A chave dos significados não está, pois, nos meios de comunicação, mas na estrutura da sociedade que criou esses meios e que os tornou significantes. É a sociedade que significa. Em sua crítica semiológica, o autor recorre à teoria de Jakobson (1968) que descreve a função fática da linguagem como a que estabelece, prolonga ou interrompe a comunicação e verifica se o circuito funciona. É a única função que os papagaios teriam em comum conosco; segundo McLuhan, como a dessas aves, nossa comunicação tem por objetivo comunicar a comunicação.

A técnica absorve os significados e se converte em agente da história como se não fosse a sociedade que outorga significação a seus instrumentos. O poeta ironiza os tecnocratas que hoje não mais escrevem sobre as técnicas da revolução, mas sobre a revolução das técnicas.

Os antigos sistemas, do cristianismo ao marxismo, eram, simultaneamente, uma crítica da realidade e uma imagem de outra realidade. A técnica não é uma imagem do mundo, mas uma operação sobre a realidade. O "por quê"? e o "para quê?" são perguntas que a técnica não faz a si mesma. Somos nós, lembra Octavio Paz, que devemos fazê-las.

Para reconhecê-lo, porém, e dar-lhe o devido peso, seria necessário que o ensaísta canadense passasse a sua visão dos *mass media* pelo crivo de uma teoria contextual. É o que fazem teóricos de formação sociológica ampla: entre outros, Theodor Wiesengrund Adorno, Edgar Morin, Leo Löwenthal e Hannah Arendt.

A indústria cultural

A comunicação de ideias e sentimentos não se faz em abstrato. Nem, por outro lado, existe um público receptor, um grupo emissor ou um canal transmissor em si mesmos. Os vários fatores da comunicação operam interligados, compõem a estrutura de um sistema[12]. O sistema é a indústria cultural. Indústria enquanto complexo de produção de bens. Cultural, quanto ao tipo desses bens.

É essa visão totalizante que vem aprofundada em alguns estudos exemplares que passo a comentar, insistindo antes nos pontos comuns do que nas eventuais peculiaridades.

O primeiro deles é o ensaio do sociólogo francês Edgar Morin, *"L'Industrie culturelle"* (1961). Para Morin, depois de um século de colonização política e geográfica, as potências industriais teriam começado a colonizar "a grande reserva que é a alma humana". Os novos domínios seriam a inteligência, a vontade, o sentimento e a imaginação de centenas de milhares de seres humanos que veem cinema, ouvem rádio, veem e ouvem televisão. A técnica feita indústria permitiu a consolidação de grandes complexos, produtores e fornecedores de imagens, de palavras e de ritmos, que funcionam como um sistema entre mercantil e cultural. Desse hibridismo advém uma realidade social nova que caracteriza como nenhuma outra o mundo contemporâneo: a cultura de massa.

A que tipo de indústria pertencem a imprensa, o rádio, a TV? Ao das indústrias ultraleves.

> Leves pela maquinaria produtora, ultraleves pela mercadoria produzida: o que contém a folha do Diário, ou a película cinematográfica? Voa sobre as ondas e, no momento do consumo, faz-se quase impalpável porque esse consumo é psíquico. Mas essa indústria ultraleve está organizada sobre o modelo da indústria técnica e economicamente mais concentrada. Alguns grandes grupos da imprensa, algumas grandes cadeias de rádio e de TV, algumas sociedades cinematográficas concentram a maquinaria (rotativas, estúdios) e dominam as comunicações de massa (Morin, 1961, p. 27).

---

12. Segundo Hjelmslev (1943), a estrutura é o conjunto de propriedades internas de um todo. O sistema é esse todo. Nesse sentido é que os termos são aqui empregados.

Vinculam-se aqui dois planos do fenômeno: o da mensagem e o das suas forças produtoras. Tanto no sistema capitalista (de modelo norte-americano) como no sistema estatal (de modelo soviético), há poderosos centros de controle econômico e político que decidem, em última instância, a produção dos bens a serem maciçamente consumidos pelo público. E todo centro de produção supõe um aparelho burocrático que possa servi-lo eficazmente. Daí, um fator de mediação entre a empresa, privada ou estatal, e o realizador artístico:

> A organização burocrática filtra a ideia criadora, fá-la prestar exame antes de chegar às mãos do que decide: o produtor, o redator-chefe. Este decide em função de considerações anônimas: a rentabilidade eventual do tema proposto, no caso capitalista; a sua oportunidade política, no caso estatal; depois, abandona o projeto nas mãos dos técnicos que o farão objeto de suas próprias manipulações [...]. O "poder cultural" do autor da canção ou artigo, do roteiro fílmico ou de uma ideia a emitir, acha-se sujeito ao poder burocrático, de um lado, e ao poder técnico, de outro (Morin, 1961, p. 29).

Repuxada de um lado por um aparelho burocrático e, de outro, pela tendência do público que exige periodicamente formas novas, a indústria cultural acaba realizando uma produção de compromisso. O cinema, por exemplo, produz a partir de alguns padrões (Morin alude aqui à intriga amorosa, ao *happy end*) filmes aparentemente muito diversos entre si. Na clássica expressão de Wright Mills (*apud* Morin, 1961): "a fórmula substitui a forma".

Quer dizer: o teor do imaginário, da originalidade, da inovação que a cultura de massa pode oferecer é limitado não por uma fatal carência de talento dos realizadores artísticos, mas por força da organização industrial-burocrática que a rege estruturalmente. Como na produção de automóveis: todo ano, as marcas famosas se renovam, mas muito pouco, já que o seu consumo é bastante seguro. E a renovação determina, por sua vez, um novo padrão que será reproduzido em um número altíssimo de vezes.

O padrão, na indústria cultural, adviria do recurso aos arquétipos, "padrões-modelos" do espírito humano, "necessidades estruturadas". Morin dá aqui a chave metodológica da sua abordagem: ela não é só contextual, mas estruturalista:

> Toda cultura está constituída por "padrões-modelos", que ordenam os sonhos e as atitudes. A análise estrutural nos mostra que os mitos e as atitudes culturais se podem reduzir a estruturas matemáticas; a indústria pode, em princípio, criar *standards* a partir de padrões-modelos culturais. Efetivamente, a indústria cultural nos ensina que é possível fundar a estandardização sobre os grandes temas românticos, transformar os arquétipos em estereótipos. Fabricam-se praticamente novelas sentimentais em cadeia, a partir de certos modelos que chegam a ser conscientes e racionalizados. Também o coração pode ser posto em conserva (Morin, 1961, p. 42).

Da repetição do esquema à saturação, da saturação ao invento de um novo esquema: eis a dialética a que estão sujeitos os emissores das mensagens de rádio, de TV, de histórias em quadrinhos, de novelas sentimentais ou picantes. O ensaísta francês sabe dizê-lo de um modo imaginoso:

> [...] a indústria cultural precisa de um eletrodo negativo, e este é uma certa liberdade no seio das estruturas rígidas. A liberdade pode ser muito restrita, servir à estandardização e suscitar, às vezes, uma corrente crítica negativa no seio da cultura de massa (Morin, 1961, p. 43).

Morin dá como exemplo o filme americano de Kazan (1949), que se mostra radicalmente contestador dos mitos capitalistas.

Enquanto indústria, porém, e enquanto complexo burocrático, os *mass media* tendem antes a reproduzir certos padrões do que a inventar constantemente novos.

Um dos fatores mais eficazes desse imobilismo relativo vem de um caráter inerente à grande indústria contemporânea: a extrema divisão do trabalho. Tome-se o exemplo da produção cinematográfica: concorrem para a realização de um filme centenas de elementos especializados que não têm sequer a ideia do conjunto da obra, e estão, portanto, impedidos de contribuir para qualquer inovação relevante. São os adaptadores de roteiro, cenografistas, dialoguistas,

1 Comunicação de massa – O dado e o problema   57

decoradores, operadores, gravadores, engenheiros de montagem, engenheiros de som, músicos, intérpretes principais, intérpretes secundários, "pontas", maquiadores e modistas, cabeleireiros... A divisão de trabalho é também um fato sólido e incontornável em todas as empresas radiofônicas, televisivas, jornalísticas e editoriais. É ela que impõe modelos: desde a extensão física do produto (um filme terá 2.500m de película de 35mm; um programa de rádio ou de TV deve durar meia hora; o artigo de jornal não deve ocupar mais de 3 colunas) até o teor e a ideologia subjacente à mensagem. A fórmula substitui a forma.

Para obviar o risco de padronização absoluta, a indústria cultural lança mão de indivíduos cuja função é a de mover as águas estagnadas da mesmice: surgem as *vedettes* e o recurso a autores consagrados (um grande escritor, por exemplo, é convidado a elaborar roteiros fílmicos).

Mas à medida que os grandes atores e autores são assimilados pelos *mass media* vão perdendo seu teor de originalidade. A entropia os atinge, primeiro no nível do receptor, que os apreende à sua maneira; e depois, nos casos-limite, no nível do próprio ator, ou autor, que tolera ou aceita a máscara imposta pela máquina industrial[13].

Além da divisão de trabalho, a indústria cultural partilha com as demais empresas a tendência ao máximo consumo. É a mola econômica que, em última instância, move as companhias cinematográficas, as emissoras de rádio, os canais de TV, as editoras de jornais, de revistas, de quadrinhos, de livros de bolso.

O objetivo nessa perspectiva é o lucro que compensa o investimento e que só o alto consumo pode propiciar. Como alcançá-lo? Atraindo com o maior número de iscas (sincretismo), mas com uma linguagem acessível ao maior número de consumidores (homogeneização).

---

13. "Amiúde o trabalho é tanto melhor retribuído quanto mais se despreza: dessa correlação desmoralizante nascem o cinismo, a agressividade ou a má consciência que se misturam com a profunda insatisfação vinda da frustração artística ou intelectual" (Morin, 1961, p. 41).

As mensagens são compostas sob a dupla pressão do vário e do uniforme. Vário é o assunto. Uniforme, o estilo. Fatos e imagens díspares, palavras e frases semelhantes.

Na verdade, trata-se de uma subordinação de conteúdos diferentes a fórmulas de efeito: assim, as notícias são selecionadas pelo que teriam de bizarro e romanesco: simetricamente, as telenovelas se esforçam por dar uma imagem realista ou verossímil aos mais descabelados enredos românticos. É o "sincretismo homogeneizado" de Morin.

Ainda uma vez, a dialética do outro e do mesmo, que com o tempo acaba privilegiando o último, por hábito, rotina e interesse.

Enfim, é preciso considerar mais de perto a esfera que sustenta toda a indústria cultural: o público – o receptor, em termos de teoria da comunicação. É com os olhos fitos no público médio que se movem os *mass media*. A imagem que dele se tem é extremamente ativa e atua na formação ou na perpetuação dos padrões-modelos. Ora, Morin chama a nossa atenção para dois fatos capitais:

(1) a estratificação de novos públicos no século XX:

- O público infantil;
- O público infantojuvenil;
- O público juvenil;
- Os públicos femininos (diferenciado);
- O público estudantil.

Para cada público há mais de uma revista especializada.

(2) a criação de uma imprensa capaz de atrair leitores de toda classe de cultura (periódicos do tipo *France Soir, Manchete*).

O que vincula os dois fenômenos (imprensa especial e imprensa para todos) é a mesma estrutura industrial-burocrática: divisão do trabalho, máximo consumo, sincretismo, homogeneização, dialética repetição-novidade e relativa absorção da segunda pela primeira.

A identidade de contexto e de estrutura faz com que se aproximem notavelmente os padrões infantis e os padrões adultos. Os problemas e os estereótipos da sociedade vêm povoar as histórias infantis e vice-versa, há uma alta dose de regressão infantil nas mensagens para adultos:

> Pode-se dizer que a cultura de massas em seu setor infantil tende a acelerar a precocidade da criança de modo que esta fique apta o mais cedo possível a consumi-la em seu conjunto, ao passo que, no seu setor adulto, ela se põe à altura da criança. Esta cultura produzirá uma criança com caracteres de um pré-adulto ou de um adulto infantilizado? A resposta não é, por força, alternativa. Horkheimer vai mais longe, muito mais longe, mas indica uma verdade tendencial: "O desenvolvimento já não existe. A criança é adulta desde que sabe caminhar, e o adulto permanece, em princípio, estacionário" (Morin, 1961, p. 51).

Morin nota também, e com bastante pertinência, que a homogeneização tende a fixar-se sobre certas faixas dominantes: quanto à idade, o público jovem; quanto ao sexo, o público feminino; quanto à posição socioeconômica, o público da classe média. Não se trata de exclusão dos demais públicos, mas, antes, de uma redução de todos ao nível privilegiado enquanto consumidor ideal. Como indústria, os "meios" buscam alargar as fronteiras do mercado precisamente pelo ataque aos flancos mais acessíveis. O quadro abaixo resume o pensamento do ensaísta francês:

Quadro de homogeneização

	Tendência à universalidade	Dominante
Produção	Estandardização Homogeneização Sincretismo	Sincretismo real-imaginário
Difusão	Idade	Idade juvenil
	Sexo	Sexo feminino
	Classe	Nova classe média Dominante
	Cosmopolitismo	norte-americano

Assim, o público médio, com alta frequência de traços jovens, femininos, pequeno-burgueses e americanizados, aparece como o correlato-receptor de um sistema amplo cujo contexto é a indústria e cujos canais são os meios de massa.

Diferentemente da teoria de McLuhan (1969b), que isola e acentua cada meio, concluindo pela superioridade de uns e inferioridade de outros, a abordagem contextual ocupa-se sobretudo com a estruturação do sistema em que operam todos os meios.

* * *

No pensamento de Theodor Wiesengrund Adorno[14], aprofunda-se a reflexão sobre o significado da indústria cultural. Em um breve, mas famoso ensaio, Adorno (1964, p. 12-18) lembra que a expressão "indústria cultural" é mais adequada do que a outra, corrente, "cultura de massa". Não se trata de um fenômeno que nasça espontaneamente das próprias massas, isto é, de um sucedâneo do folclore, da arte genuinamente popular. Ao contrário, as mensagens da TV e da imprensa são fabricadas mediante certos planos como os produtos não culturais e visam, como esses, ao consumo. Formam um subsistema dentro do sistema inclusivo que é a sociedade contemporânea: A indústria cultural é a integração deliberada dos consumidores no seu mais alto nível. Integra, por força, até domínios separados há já um milênio, a arte superior e a arte inferior (Adorno, 1964, p. 12).

À constatação segue-se a valoração. Para Adorno, a convergência de ambas as camadas de arte nos meios de massa acaba prejudicando uma e outra: frustra a seriedade da arte erudita pela especulação sobre o efeito; domestica o vigor e a autenticidade da arte popular submetendo-a ao controle da indústria ou do Estado. O resultado é, assim, apoucador na medida em que não é a comunidade de receptores (o público concreto, a sociedade) que se exprime através dos meios, mas a mentalidade dos detentores desses meios, os quais supõem uma certa "visão do mundo" na massa dos consumidores. Prejulgado o espírito do receptor, em geral por baixo, os emissores irão acentuá-lo até à hipertrofia. Resulta uma espécie de caricatura das tendências do público.

---

14. Adorno faleceu em 1969. Era membro do Instituto de Pesquisa Social de Frankfurt. Como Walter Benjamin, como seu mestre Horkheimer, e como seu coetâneo Marcuse, Adorno empreendeu uma análise e uma interpretação sociológica penetrante da sociedade de consumo. E foi à luz dessa posição que Marcuse chegou a definir o homem contemporâneo como "ser unidimensional". É esse o espírito que anima o texto de Adorno aqui exposto.

1 Comunicação de massa – O dado e o problema 61

Essa estrutura lógica acaba reduzindo tudo ao "princípio do efeito" que, como se sabe, motiva a propaganda comercial.

O efeito pelo efeito acaba fazendo da comunicação de massas um *duplo* da ideologia corrente e subtrai às mensagens todo e qualquer caráter de tensão e de protesto.

> Busca-se o cliente para lhe vender um consentimento total e sem reservas. Faz-se propaganda do mundo tal qual ele é, do mesmo modo que cada produto da indústria é a sua própria publicidade (Adorno, 1964, p. 13)[15].

É instrutivo observar que, com essas palavras, Adorno, sociólogo de formação hegeliana, toca no mesmo ponto que Lazarsfeld e Merton (1957), funcionalistas, chamam "disfunção narcotizante" como um dos aspectos fundamentais da cultura de massa.

Numa tentativa de análise diferencial, Adorno ressalvou o fato de que nem tudo é pura indústria na "indústria cultural". Se o são, por certo, a padronização dos objetos (filmes, telenovelas, *shows*...) e as técnicas de distribuição desses objetos, não o é inteiramente o processo de produção. Que, nos meios de comunicação, aspira a uma certa individualização, encarnada, por exemplo, nas *vedettes*. No fundo, porém, a personalidade explorada, como arquétipo supremo de comportamento, vira reforço brilhante dos ideais assentes entre os destinatários da imagem.

Adorno polemiza contra aqueles que confundem grandes audiências e nível qualitativo: são os glorificadores dos *mass media* que os julgam "importantes" (palavra vazia) porque atingem um numeroso público. Mas esse fato quantitativo óbvio não dispensa, antes obriga, a descobrir e a caracterizar melhor a natureza e a função do fenômeno. Uma sociedade que se quer democrática não deve delegar aos meios de massa tais poderes de persuasão e de transmissão cultural:

> Em virtude da ideologia da indústria cultural, o conformismo substitui a autonomia e a consciência. A ordem que daí surge não é jamais confrontada com o que pretende ser, nem com os interesses reais dos homens [...]. Pretendendo

---

15. Adorno quer dizer que a imagem de um *show* de TV, por exemplo, é o seu próprio anúncio e é consumida enquanto se propaga.

ser o guia dos perplexos e apresentando-lhes de maneira enganosa os conflitos que (os receptores) devem confundir com os seus, a indústria cultural não resolve esses conflitos a não ser em aparência, do mesmo modo que lhe seria impossível resolvê-los na vida (Adorno, 1964, p. 17).

Desse modo, as mensagens veiculadas traduzem situações verossímeis, capazes de suscitar reações dos receptores; mas, em vez de aprofundar e esclarecer os problemas humanos inerentes a essas situações, a cultura industrial manipula ilusões ou, no melhor dos casos, repete lugares-comuns da ideologia corrente.

Adorno põe a nu as tendências regressivas do fenômeno:

> Não em vão se pode escutar nos Estados Unidos da boca de produtores cínicos que os seus filmes devem estar à altura do nível intelectual de um menino de onze anos. Fazendo-o, sentem-se cada vez mais incitados a transformar um adulto em um menino de onze anos (Adorno, 1964, p. 18).

Dessa visão severa, mas realista do problema, creio que se deva reter a ideia seguinte: a indústria cultural, como toda indústria, é um sistema que não se articula *a partir do consumidor* (no caso, a partir das relações concretas entre os homens na sociedade), mas em função de um *público-massa*, abstrato, porque homogêneo, nivelado *a priori* pelas instituições que produzem e difundem as mensagens.

O pensamento de Hannah Arendt (1966, p. 197-226) converge para essa abordagem. Como Adorno, é radical, isto é, toma as coisas pela raiz. Fortemente apoiada em Hegel, no culturalismo e na fenomenologia alemães, a autora de um ensaio como "A crise da cultura: sua significação social e política" deve figurar entre as fontes deste primeiro capítulo.

Nele encontramos reflexões históricas sobre a incorporação à "sociedade" de toda a população dos países ocidentais, fenômeno que contrasta com a situação anterior à Revolução Industrial quando a palavra "sociedade" se referia a grupos privilegiados fora dos quais só havia "povo".

1 Comunicação de massa – O dado e o problema

O povo não participava da cultura das classes dominantes, mas criava uma cultura (no sentido antropológico do termo) expressiva.

A absorção de todas as camadas da população na sociedade é o que constitui para Hannah Arendt o processo formador da sociedade de massa. Um dado novo no dinamismo dessa foi a urgência na aquisição de bens culturais produzidos por séculos de cultura humanística. Esses bens culturais, porém, funcionam como utilidades, como instrumentos de ascensão: são conhecimentos que se julgam necessários para ingressar e competir nas carreiras liberais ou burocráticas.

Hannah Arendt opera no nível mais polêmico da cultura de massa: – O que é divulgação? É a incorporação da pessoa em um sistema onde não há lugar para a criatividade, onde ela nada pode realizar por si própria, mas apenas consumir e competir.

É sobre esse vazio que o totalitarismo age. Em *Origens do totalitarismo* (1951/2013), observa que a principal característica do homem de massa não é o embotamento nem o atraso, mas sua falta de relações sociais normais.

As classes podem, às vezes, ser cimentadas com o nacionalismo que se torna mais violento à medida que elas se distanciam economicamente. Nessa altura da sua reflexão, era forçoso que encontrasse, embora por suas próprias vias, a crítica de Adorno e Morin à indústria cultural.

A cultura de massa satisfaria a uma necessidade imposta e artificial de aprimoramento, mas que não é uma conquista do indivíduo por não ser radicada na sua inteligência e sensibilidade. A imagem que fica do enfoque de Hannah Arendt é a do consumidor que nada mais pode produzir de autêntico em virtude da impossibilidade de expressar sua existência. Eis uma profecia desoladora:

> Acreditar que uma tal sociedade se torne mais culta à medida que o tempo passa e que a educação fizer seu trabalho, é, penso eu, um erro fatal. Uma sociedade de consumidores não pode, possivelmente, saber como cuidar de um mundo e das coisas que pertencem exclusivamente ao espaço de fenômenos do mundo, porque sua atitude central para com

todos os objetos, atitude de consumação, provoca ruína em tudo o que ela toca (Arendt, 1951, p. 211).

Essa posição apocalíptica encontra paralelo na de Adorno para quem a indústria cultural tem como objetivo único a dependência e a servidão dos homens, como se a alienação fosse o fim da angústia. Para Adorno, o imperativo categórico da indústria cultural é: "Deves submeter-te porque todos os submetem". As criaturas se reconhecem em suas mercadorias.

Podemos vincular o pensamento de Hannah Arendt a uma fonte mais distante: à doutrina do fetichismo da mercadoria formulada no século passado por Marx:

"Uma relação social definida, estabelecida entre os homens, assume a forma fantasmagórica de uma relação entre coisas". É a autonomia das coisas mortas que se movem como coisas vivas:

> [...] aí, os produtos do cérebro humano parecem dotados de vida própria, figuras autônomas que mantêm relações entre si e com os seres humanos. É o que ocorre com os produtos da mão humana no mundo das mercadorias. Chamo a isso de fetichismo (Marx, 1982, p. 81).

O Colóquio Internacional sobre Cultura Superior e Cultura de Massa, realizado em Royaumont, em maio de 1963, chegou a conclusões bastante próximas das que acima expusemos e que se podem chamar de teorias contextuais.

Para abrir o congresso foi convidado um respeitável pioneiro, Paul Lazarsfeld, que, em linguagem menos densa e mais analítica do que a de Adorno, levantou uma questão central e particularmente fecunda para o tipo de interesses que o nosso trabalho suscita: "A estandardização das mensagens estaria liquidando os conteúdos e as formas da cultura popular e, no caso específico, de 'cultura operária'?"

A sobrevivência desta última ou a possibilidade mesma da sua existência na sociedade contemporânea: eis o tema do capítulo que segue. Ele nos levará a afunilar a análise e a cercar mais de perto o nosso objeto: frequências de leitura em sujeitos procedentes de um determinado meio operário, feminino, de São Paulo.

2
Cultura de massa, cultura popular, cultura operária

Quando os teóricos denunciaram a passividade, a "disfunção narcotizante" (Merton), a homogeneização (Morin, Adorno) da cultura de massa, ou, mais drasticamente dito, da indústria cultural, estão supondo uma distinção que nem sempre conseguem aclarar. Distinção entre (a) uma realidade cultural imposta "de cima para baixo" (dos produtores para os consumidores) e (b) uma realidade cultural estruturada a partir de relações internas no coração da sociedade. A este segundo sistema de ideias, imagens, atitudes, valores é que tradicionalmente se dá o nome de *cultura popular*. A grande perplexidade, hoje, é saber se existe um sistema dessa natureza nas sociedades industriais; e, em caso positivo, quais as relações que apresenta com a indústria cultural.

A questão da cultura popular

A definição de cultura popular não é tarefa simples; depende da escolha de um ponto de vista e, em geral, implica tomada de posição.

Antonio Gramsci formula a questão em termos de estruturas ideológicas da sociedade: ao lado da chamada cultura erudita, transmitida na escola e sancionada pelas instituições, existe a cultura criada *pelo povo*, que articula uma concepção do mundo e da vida em contraposição aos esquemas oficiais. Há nesta última, é verdade, estratos fossilizados, conservadores, e até mesmo retrógrados, que refletem condições de vida passadas, mas também há formas criadoras, progressistas, que contradizem a moral dos estratos dirigentes. Gramsci dá como exemplo alguns cantos populares. Note-se o sentido dialético dessa abordagem que levanta, em face do mesmo objeto, o seu duplo caráter, passadista e inovador (Gramsci, 1968).

Um especialista em literatura popular brasileira, Oswaldo Elias Xidieh (1967), discute em *Narrativas pias populares* características *funcionais* da cultura popular.

Uma delas é a coesão interna: cada hábito, crença ou técnica tem seu significado na economia do todo. Outra é a vivência não consciente, mas emotiva: quem vive o folclore não refletiu sobre a diferença existente entre seus hábitos e uma *outra* cultura, não folclórica.

A funcionalidade é afirmada por Xidieh quando diz que "a literatura popular não é gratuita, como não são gratuitos os seres e as coisas que integram o mundo rústico" (1967, p. 12).

Análoga é a direção de Florestan Fernandes (1961), segundo o qual as *adivinhas* e os *passatempos* funcionam, em numerosas ocasiões, como um meio ajustador entre pessoas que se conhecem pouco. Os ditados, frases de sabedoria, são necessários à medida que reduzem situações difíceis ao contexto do já conhecido, da tradição. Quanto aos provérbios, são sistemas de referência que organizam a percepção do mundo no plano emocional e racional, significando para os que os vivenciam uma verdade sintética, sabedoria e apoio.

Uma outra característica da cultura popular, constatada por Xidieh, é a sua *reelaboração* constante. Os temas se refazem, nem tudo é herdado. Só no museu o folclore está morto.

Florestan Fernandes encarece também a dimensão psicológica do fato folclórico. Sua espontaneidade e seu poder de motivação fazem com que seja constantemente revivido pelos membros de uma comunidade. Não se trata de vestígio, de sobrevivência: ou é atual, ou está em fase de reatualização.

2 Cultura de massa, cultura popular, cultura operária

Conforme esse ponto de vista, o folclore consiste em uma "educação informal" que se dá ao lado da sistemática; uma educação que orienta e revigora comportamentos, faz participar de crenças e valores, perpetua um universo simbólico. Se as condições da vida social que garantem a sua persistência são ameaçadas, também o folclore entra em crise. Mas, ainda assim, pode oferecer amparo cultural e emocional à população que vem da roça e deve integrar--se no meio urbano.

Quando a cultura popular entra em crise, quando se empobrece e desagrega, "os prejuízos que daí advêm afetam a segurança subjetiva do homem que se reduz de seu papel de criador e renovador da cultura para o de consumidor".

Na cultura popular, novo e arcaico se entrelaçam: os elementos mais abstratos do folclore podem persistir através dos tempos e muito além da situação em que se formaram. Assim, na metrópole, suas formas de pensar e sentir continuam organizando sistemas de referência e quadros de percepção do mundo urbano.

Gramsci admirava essa capacidade vital que tem a cultura popular de absorver e reelaborar elementos urbanos já afetados de novas tecnologias.

Ante a pergunta – "A cultura de massa vai absorver a cultura popular?" –, podemos pensar em outra pergunta: – "A cultura popular vai absorver a cultura de massa?"

Tanto do ponto de vista histórico quanto do funcional, a cultura popular pode atravessar a cultura de massa tomando seus elementos e transfigurando esse cotidiano em arte. Ela pode assimilar novos significados em um fluxo contínuo e dialético.

A respeito das relações entre folclore e arte, Florestan Fernandes propõe que se considerem no processo histórico momentos de identidade e momentos de diferenciação. Nas grandes obras clássicas e religiosas, folclore e literatura confundem-se, não havendo intenção alguma de se fazer arte popular: é o caso de Homero, da Bíblia, das canções de gesta... No século passado, vista como "cultura dos incultos", a cultura popular já é sentida como diferente da erudita. O burguês crê viver "racionalmente" o progresso; já o homem do povo viveria miticamente as tradições. Nessa altura o artista culto usa o folclore como elemento pitoresco, fonte de cor local, mas fica nos limites do descritivo, sem entender o homem que está sob os elementos folclóricos.

Entretanto, a arte pode realizar uma conciliação entre as duas culturas e a revelação do homem por meio do mito. Revelação feita por um Guimarães Rosa, um Arguedas, um Chagall.

Discutindo as relações entre arte e vida social, diz Antonio Candido (1965), em *Literatura e sociedade*: "Nenhuma arte é casual ou rudimentar; é expressão plena de um desejo de beleza".

Quando ela caminha a par com a vida, manifesta-se nos objetos de uso diário: cestos, tecidos e cerâmicas, sendo expressão do artista e do seu povo. Nas sociedades arcaicas, o artista, via de regra, não se distingue como profissional, uma vez que a arte não é atividade diferenciada de outras manifestações sociais. Malinowski descreve a construção das canoas nas Ilhas Trobriand, onde o trabalho, desde a derrubada da árvore até o lançamento ao mar, é feito sob invocações de teor mágico e poético, unindo a arte a uma atividade cotidiana.

Quanto à recepção da arte, diz Antonio Candido:

> O pequeno número de componentes da comunidade e o entrosamento íntimo das manifestações artísticas com os demais aspectos da vida social dão lugar, seja a uma participação de todos na execução de um canto ou dança, seja à intervenção de um número maior de artistas, seja a uma tal conformidade do artista aos padrões e expectativas, que mal chega a se distinguir. Na vida do caipira paulista, vemos manifestações como a cana-verde, na qual praticamente todos os participantes se tornam poetas, trocando versos e apodos; ou o cururu tradicional, em que o número de cantadores pode-se ampliar ao sabor da inspiração dos presentes, ampliando-se os contendores.
>
> À medida, porém, que as sociedades se diferenciam e crescem em volume demográfico, artista e público se distinguem nitidamente. Só então se pode falar em público dife-

2 Cultura de massa, cultura popular, cultura operária

renciado, no sentido moderno – embora haja sempre, em qualquer sociedade, o fenômeno básico de um segmento do grupo que participa da vida artística como elemento receptivo, que o artista tem em mente ao criar, e que decide do destino da obra, ao se interessar por ela e nela fixar a atenção. Mas, enquanto numa sociedade menos diferenciada os receptores se encontram via de regra em contato com o criador, tal não se dá as mais das vezes em nosso tempo, quando o público não constitui um grupo, mas um conjunto informe, isto é, sem estrutura, de onde podem ou não se desprender agrupamentos configurados. Assim, os auditores de um programa de rádio, ou os leitores dos romancistas contemporâneos, podem dar origem a um "clube dos amigos do cantor X", ou dos "leitores de Érico Veríssimo". Ou podem, esporadicamente, reunir-se em grupos limitados para congressos e iniciativas. Mas o seu estado normal é de "massa abstrata", ou "virtual", como o caracterizou Von Wiese (Candido, 1965, p. 39-40).

O vínculo criador-comunidade não esgota os caracteres da obra de arte. Um forte componente lúdico anima todo ato genuinamente estético, e será, talvez, o traço distintivo mais importante a separar a arte (popular ou não) da indústria cultural.

Intervém aqui, para a análise correta deste último fenômeno, uma categoria básica – a do mercado. Essa categoria distingue, no interior de uma ampla cultura popular, uma cultura pseudopopular, ou popularesca, que é outorgada às massas segundo a concepção preconceituosa que a elite do poder tem de "massa".

Nem todos os estudiosos fazem essas distinções. Löwenthal, por exemplo, chama *popular culture* toda cultura de massa, isto é, aquela que veio substituir, junto ao povo, tanto a cultura erudita quanto o folclore.

Podemos também chamar de "cultura popular", em um sentido largo, a cultura de massa *mais* o folclore (rural e urbano). Preferimos, contudo, distinguir sempre, nessas manifestações, mediante os critérios que nos dá aquela categoria básica, a mercantil, a dos valores de troca.

À medida que a indústria cultural substitui o folclore, ela procura dar a seus produtos uma aura populista ou popularesca. Junto a outro mercado, à medida que a indústria adapta a arte cultural ao consumidor, ela dá a seus produtos o caráter de *midcult* e de *kitsch*. Assim, o que Löwenthal chama de *popular culture* engloba todas as formas substitutivas do folclore e da arte culta, formas hoje produzidas pela indústria cultural.

Esses vários aspectos da questão nos mostram que ela é, de fato, polêmica e que a definição dos termos depende do ponto de vista em que nos situemos.

Talvez o quadro seguinte ajude a visualizar as dimensões internas do problema:

Antes da Revolução Industrial	A partir da Revolução Industrial
Cultura Erudita	Cultura Erudita *Kitsch*
Cultura Popular	Cultura Popular Cultura popularesca ou de massa

Observação ao quadro acima: Na medida em que se desenvolve a indústria cultural, temos:
- o *kitsch* como contrafação da cultura erudita;
- a cultura popularesca ou *masscult* como contrafação da cultura popular criadora.

* * *

Os estudos sobre a cultura popular confundiam-se, até pouco tempo atrás, com as numerosas pesquisas da etnologia sobre o folclore das regiões pré-industriais.

Menos copiosos, porém mais pertinentes ao nosso trabalho, são os estudos das formas de "subcultura", ou melhor, de cultura não oficial e não acadêmica, viva nas cidades do Ocidente nos últimos séculos[16].

---

16. O estudo da literatura popular europeia ainda está por se fazer. O historiador Robert Mandrou (1965) detectou resíduos da cultura erudita medieval nos almanaques e nos romances lidos pelos campônios franceses e alemães durante os séculos XVII e XVIII. No Brasil, o estudo se dá com os folhetos da literatura de cordel que ainda se publicam no Nordeste.

2 Cultura de massa, cultura popular, cultura operária

Um estudioso informado como Leo Löwenthal mostra, por exemplo, que a dissociação entre "cultura de massa" e "cultura de elite" começa a ser objeto de discussões só a partir da Revolução Industrial. E seria na Inglaterra e na França, nações pioneiras da modernização, que o dissídio iria tornar-se precocemente agudo.

A razão do fenômeno é dado por Löwenthal em *Literature, popular culture and society* (1961) em termos de sociologia da cultura. À medida que se desagregava a estrutura feudal-rural em que as classes se reduziam praticamente a duas, a do senhor e a do servo; e à medida que se diferenciavam nas cidades os grupos socais em alta, média, baixa burguesia, artífices e operários, a cultura também foi perdendo seu caráter rigidamente dual: cultura aristocrática e folclore.

De um lado, a urbanização ia desfazendo, quando não abolindo, os *mores*; os ritos, os sistemas simbólicos e expressivos ligados à vivência comunitária. O folclore não passaria do campo à cidade, do feudo ou do pequeno burgo à fábrica a não ser em manifestações saltuárias e residuais. O seu lugar iria sendo ocupado por formas de entretenimento *produzidas* por grupos profissionais: empresários de circo e de teatro popular; editores de periódicos devotos ou humorísticos; regentes de orquestrinhas suburbanas...

De outro lado, parte dessa cultura, organizada para um público menos letrado, iria incorporar as conquistas do progresso técnico, as inovações da arte de "elite", os modos de pensar dos estratos dominantes (cientificismo, laicismo, liberalismo...). Modelou-se assim uma literatura peculiar às classes médias (e, em casos-limite, ao operariado): cultura amiúde subestimada pelos *scholars* como subcultura.

É precisamente nesse momento (fins do século XVIII) que se propõe a questão da cultura popular. A democratização e arte para as massas começam a parecer disfuncionais, massificantes, quando encaradas por escritores de formação clássica.

É instrutivo, hoje, ver o quanto persistem em nosso clima cultural certos temas críticos que apareciam nas penas ilustres de um Goethe e de um Schiller, na Alemanha; de um Wordsworth e de um Stuart Mill, na Inglaterra.

Todos, com maior ou menor ênfase, lamentavam ver o escritor curvar-se às exigências de um público que só quer diversão ou extremos descompostos de passionalidade. Curiosos, fúteis, arrogantes, frios e distraídos, eis como Goethe vê os espectadores do *Fausto*. "O teatro – diz o grande escritor – como o mundo, em geral, está praguejado de poderosas modas, e a moda consiste em adorar algo com grande abandono tão somente para bani-lo depois para todo sempre".

O culto dos valores individuais, sobretudo da liberdade, parece aos escritores românticos estar ameaçado quando se faz sentir pesadamente a pressão das novas camadas de leitores. Para Schiller, o máximo a que chega a divulgação da arte nos meios semicultos é uma tendência mediocrizante e presunçosa chamada "diletantismo". Na verdade, esses escritores representam a ponte entre o *Ancien Régime* e a época contemporânea. Daí terem sentido com agudeza a crise de um gosto uniforme, feito para a classe culta, substituído por vários e díspares gostos. A sua reação de alarme e de alerta tinha por motivo a difusão de jornais e revistas amenas, os "magazines" ingleses e norte-americanos, e de uma viçosa literatura folhetinesca, em que se mesclam mistério, terror e demasias passionais.

Num breve e agradável ensaio intitulado "La littérature populaire et son public" (1961), Pierre Brochon conta como nasceu a vocação de Eugène Sue, o mais célebre ficcionista popular da França nos meados do século passado.

O escritor assistia a uma peça de Félix Pyat em que se representavam ambientes proletários. Incrédulo, Sue discute nos entreatos com o dramaturgo que, em defesa da verossimilhança do seu teatro, leva o crítico a conhecer um tipógrafo, Fugère. Na oficina deste, o futuro autor dos *Mistérios de Paris* entra em contato com os problemas e os ideais da classe operária, mas só se decide a escrever para um público menos letrado quando seu editor, Ernest Legouvé, mostra-lhe uma publicação inglesa ilustrada em que se descrevem os mistérios de Londres.

2 Cultura de massa, cultura popular, cultura operária

Os *Mistérios de Paris* saíram no *Journal des Débats* a partir de 1842. O êxito foi invulgar: mais de 3 mil exemplares. O que levou Eugène Sue a produzir em série, moldando o enredo e as personagens conforme as solicitações dos leitores.

No seu escritório o romancista recebia cartas deste gênero, a propósito do destino a dar a uma criança abandonada e à sua desnaturada mãe:

> *Ah! Monsieur Eugène Sue, de grâce, ne lessé* (sic) *pas posséder encore cette malheureuse enfant par ces misérables, une mère qui plonge son enfant dans la misère la plus profonde, mérite bien de ne plus la revoir et de mourir dans uns couvent pour expiation*[17].

Discute-se a sorte de Fleur de Marie:

> *Deux moyens se présentent: la faire mourir comme une sainte: c'est celui de tout le monde... ou lui faire consacrer le reste de sa vie sous les hospices* (sic) *de son auguste père, dont elle serait l'ange consolateur, à la direction d'une importante maison de pauvres orphelins*[18].

Espera-se a reaparição de uma personagem:

> *L'attente dans laquelle je suis pendant le temps qui s'écoule entre la publication des différentes parties, n'a été soutenue que par l'espérance de voir le Chourineur reparaître sur la scéne. Je pense que ce désir, tous les lecteurs le partagent*[19].

E há leitoras que mal dissimulam o desejo de verem seus casos narrados nos próximos folhetins: *"Ma vie, quel roman!"*[20]

---

17. "Ah! Senhor Eugène Sue, por favor, não deixe que ainda possuam essa infeliz criança estes miseráveis, uma mãe que mergulha sua criança na mais profunda miséria, merece não a ver novamente e morrer em um convento em expiação."

18. "Apresentam-se dois caminhos: fazê-la morrer como uma santa – de todos... ou fazê-la dedicar o resto da sua vida sob os hospícios do seu augusto pai, de quem ela seria o anjo consolador, na direção de uma importante casa de pobres órfãos."

19. "A espera em que me encontro durante o tempo que decorre entre a publicação das diferentes partes não é sustentada senão pela esperança de ver o Chourineur reaparecer em cena. Acho que todos os leitores compartilham desse desejo."

20. "Vida minha, que romance!"

Na mesma linha de aproveitamento e sucessiva exploração dos temas que obtêm êxito imediato, Ponson du Terrail passa a desfiar as aventuras de seu *Rocambole*, misto de vítima e herói, cuja descendência seria considerável no século passado e neste.

* * *

Revendo os temas da cultura popular, Brochon encontra, em cada época, os heróis que a exprimem: conclusão relevante para a Psicologia Social. Assim, nos contos populares orais, é a comunidade camponesa que fala de suas necessidades e trabalhos. Vemos o pobre entrar no palácio para conversar com o rei que exige dele uma série de tarefas sobre-humanas, que refletem a conquista perpétua da natureza pelo trabalhador. O próprio palácio, inverossímil, construído com paredes de ouro e cristal, conta-nos que o herói apenas o imaginou, pois sempre viveu fora de seus muros. Essas histórias descrevem relações entre mestres e artesãos, entre o lavrador e os forasteiros, que vêm explorá-lo com os poderes mágicos da técnica (alfaiate, moleiro etc.). Enfim, é a comunidade camponesa que projeta nessas histórias seus trabalhos e opressões juntamente com as aspirações e os valores da plebe rural da época.

No romance-folhetim encontramos o romanesco de moralidade pequeno-burguesa: o Príncipe Rodolfo dos *Mistérios de Paris* e *Rocambole são aventureiros justiceiros* (James, 1963).

No romance policial moderno, o herói também vive à margem do sistema servindo à justiça de maneira anárquica e livre de pressões sociais. É um protesto contra a justiça abstrata em nome de uma justiça real e eficaz.

Se cada época tem os heróis que a exprimem, conclui Brochon, a literatura popular não é mais evasão do que o sonho. Como ele, não é de forma alguma gratuita. Trata-se de um sonhar acordado que é, ao mesmo tempo, sonho coletivo. Ela implica no que há de mais obscuro no homem ao mesmo tempo que em seu ser social.

* * *

Levantando o temário da ficção para o trabalhador no século passado na Inglaterra, Louis James revive uma situação não de todo diferente da nossa.

Entre 1830 e 1840, existiram para o trabalhador periódicos de divulgação cultural: mensários religiosos, educativos, políticos e gazetas liberais com sátiras aos conservadores...

A partir de 1840, a invasão da indústria de ficção barata parece traduzir a desilusão do trabalhador ante a impotência daquela divulgação cultural anódina ou do jornal político, ambos incapazes de modificar, de fato, a situação operária.

A chamada "literatura econômica", de autoria comercializada e estilo difuso e repetitivo, veio tomar o lugar desses órgãos. *Ângela, a órfã* (1840) vende 14 mil exemplares em uma semana; *Os mistérios de Londres* (1846) e *O monge negro* (1844), outro tanto.

As suas características lembram a de nossa fotonovela: um máximo de diálogos; interpolação frequente de interjeições e frases feitas ("Que horror!", "Não posso acreditar!") para preencher espaços; vocabulário limitado; plágio de obras famosas (romances de Dickens, na época)...

A cultura popular e a cultura de massa

Começava, de fato, uma nova era para a cultura popular: claramente não folclórica; abertamente organizada por empresários da indústria do lazer; fortemente estruturada em função de um certo público-massa; e necessariamente distinta das experiências da "alta cultura".

Hoje, à distância de quase 200 anos, e ressalvada a variedade dos meios técnicos, a indústria do lazer apresenta os mesmos caracteres e está sujeita às mesmas críticas por parte dos intelectuais *highbrow*.

O que houve nesse século e meio de uma cultura feita para largos setores da população? Estabeleceram-se padrões de entretenimento dentro de uma faixa própria que, porém, tangencia a cultura superior enquanto informação e ideologia.

São muitos os exemplos. Em 1802, fundava-se a *Edinburgh Review*, o protótipo dos magazines de grande público redigidos em inglês. Os artigos não eram assinados, mas por trás do anonimato escondiam-se os principais nomes da vida literária inglesa do início do século. O mundo conhecido alargava-se. As técnicas difundiam-se. E, acima de tudo, propunha-se uma ideologia de progresso e de liberdade que se tornaria, pouco a pouco, moeda corrente do pensamento social e político na Europa em todo o século XIX.

Hoje talvez seja difícil avaliar o quanto significou para as gerações da época a implantação de um espírito liberal-democrático. Seja como for, ela não seria possível se as ideias de liberdade de um Rousseau, de progresso de um Voltaire, de tolerância de um Hume e de humanismo jurídico de um Beccaria[21], não tivessem sido trocadas em miúdos pelos articulistas da *Edinburgh Review* e de periódicos afins como *The Quarterly Review*, *The Blackwood's*.

O jornal começa a existir como veículo indispensável de comunicação e de persuasão. Os romances de Hugo e de Eugène Sue – e no Brasil os de Alencar e de Macedo, e mesmo alguns contos de Machado – foram publicados em folhetins e muitos se beneficiaram desse gênero de edição em série.

O fato é naturalmente sentido pelos próprios veículos em ascensão:

> Eis uma realidade notória que todo livreiro verificará com um suspiro: sempre que ocorrem eventos públicos de importância, ou quando se discutem grandes alterações sociais, é inútil publicar livros (*Edinburgh Review*, vol. 88, 1848 *apud* Löwenthal, 1961, p. 39).

A corte, a Igreja, e mesmo a universidade deixam de ser os focos absolutos de informação e de interpretação da realidade histórica. Essa se irradia nas notícias, nos editoriais jornalísticos e nos artigos vivos e, não raro, polêmicos, das revistas. Por outro lado, uma certa "psicologia dos sentimentos", uma certa "filosofia de vida" filtram-se

---

21. Beccaria, iluminista italiano do século XVIII, fundador do direito penal democrático. Autor de *Dos delitos e das penas*, em que condenava como ilegal qualquer detenção sem processo, bem como o uso de torturas para obter confissões.

2 Cultura de massa, cultura popular, cultura operária 77

nos romances de folhetim, nas histórias morais e religiosas para os jovens, no teatro de *Vaudeville*, que integravam a cultura não acadêmica das classes médias e inferiores durante todo o século XIX[22]. Que esta subarte apareça, muitas vezes, como infraestrutura dos romances de Balzac, de Dostoiévski ou dos contos de Edgar A. Poe – eis o que a crítica de fontes já provou completamente. A diferença está na utilização dos padrões, repetitiva e coercitiva nos produtos da indústria cultural; livre, quando não fantástica, nas obras dos grandes ficcionistas.

Defrontamo-nos hoje com um quadro bem mais complexo. De um lado, o crescimento demográfico transformou um público reduzido em massa. De outro, os meios de atingir essas novas levas de consumidores não mais se restringem ao jornal, ao folhetim, à revista popular. Esses têm sofrido a concorrência sucessiva e, em geral, vitoriosa, do cinema, do rádio e da televisão. E, o que é peculiar ao século XX, têm procurado absorver os processos compositivos dos novos meios. Os periódicos são fartamente ilustrados e montados de maneira antes visual-global do que linear. Se as histórias em quadrinhos (infantis, sentimentais, fantásticas e policiais) são sucedâneas do folhetim do século XIX, estão, contudo, estruturadas segundo a sintaxe ótica dos *mass media* do século XX.

O que não parece ter mudado muito foram as atitudes críticas dos intelectuais mais exigentes do que hoje, como há um século, acusam essa cultura de massa de não ser cultura, mas indústria; de não ser orgânica e conatural aos leitores que atinge, mas exterior a eles e manipuladora da sua inteligência e da sua sensibilidade.

Vimos, no primeiro capítulo, as posições críticas de Adorno e de Morin. Elas repropõem as opiniões severas de Marx, que deplo-

---

22. A rigor, o fenômeno começa no século XVIII. Na Inglaterra, pioneira da Revolução Industrial, a difusão do romance, entre pitoresco e sentimental, já era notada por um crítico atento, como o Dr. Johnson, que falava em uma "leitura geral e fácil" ("a general and easy reading") (*apud* Löwenthal, 1961, p. 53). Data do mesmo período a popularização em toda a Europa da ópera e da comédia bufa. Quanto ao jornal, e ao magazine, é também essa época de Iluminismo que se vale de ambos como primeiro instrumento ideológico e cultural. Já havia um público, mas ele só se transformaria em massa no decorrer do século XIX.

rava, na *Sagrada Família*, o paternalismo inoperante que se encontra nas tiradas pseudopopulares de Eugène Sue. E um filósofo tão distante do marxismo, Friedrich Nietzsche, fulminava com desprezo os lugares-comuns do jornalismo que acaricia as fraquezas das massas, a curiosidade, o sensualismo mórbido ou, noutro extremo, a hipocrisia moral e política (*apud* Löwenthal, 1961, p. 5). Cresce, entretanto, um esforço de reflexão no sentido de se alcançar uma análise dos níveis do fenômeno. Ensaístas como Dwight MacDonald (1962) e Umberto Eco (1965) têm procurado limpar um pouco o terreno onde campeiam confusamente preconceitos fáceis e fáceis adesões.

A MacDonald deve-se a bipartição, hoje corrente, da cultura outrora chamada simplesmente "popular" em cultura de massa e cultura média (*masscult* e *midcult*). Eco aprofunda e relativiza essas noções.

Em MacDonald a caracterização de *masscult* ainda é acentuadamente negativa: não há criação, não há personalidade, não há, portanto, condições de estilo e de arte quando os produtores aplicam a seus programas alguns padrões rígidos de efeito como únicos critérios a seguir. Os *lords of masscult* recebem o anátema de MacDonald por tratarem o público sempre por baixo, reificando-o, considerando-o como robô, só capaz de sensações violentas e repetidas de prazer ou de medo. Prevenindo objeções dos que o acusariam de não democrático e esnobe:

> É precisamente porque acredito deveras nas potencialidades das pessoas comuns que eu critico a cultura de massas. Porque as massas não são pessoas, não são O Homem da Rua, ou o Homem Médio, nem sequer aquela ficção da condescendência liberal, o Homem Comum. As massas são, antes, o homem-como-não-homem, isto é, o homem em uma relação especial com os outros homens que o impossibilita de funcionar como homem (sendo uma das funções humanas a criação e a fruição de obras de arte). O homem-massa, conforme eu uso o termo, é uma construção teórica, um limite extremo para o qual estamos sendo empurrados, mas que nunca alcançaremos. Pois ser totalmente um homem-massa significaria não ter vida íntima, nem desejos, nem passatempos, nem aspi-

2 Cultura de massa, cultura popular, cultura operária

rações, nem aversões pessoais que não fossem partilháveis por qualquer outra pessoa. Ser alguém cuja conduta fosse inteiramente predizível, como uma peça de carvão-de-pedra: assim, finalmente os sociólogos poderiam fazer os seus quadros sem o receio de errar (MacDonald, 1962, p. 11).

A cultura de massa, diferentemente do folclore, não tem raízes na vivência cotidiana do homem da rua. Ela produz modas (*rock and roll, twist*), mas não foi capaz de criar nada que se assemelhasse ao jazz do negro norte-americano: jazz que a cultura erudita admira enquanto rejeita aquelas modas massivas.

Nem tudo, porém, é *masscult* na sociedade de massas. Essa se articula em vários estratos: operariado (especializado, não especializado), classe média inferior, classe média média, classe média alta, burguesia. Dessas classes, a maior parte é atingida pela instrução mínima e média (o A. fala da situação norte-americana), a menor parte pela instrução superior.

Em virtude dessa pluralidade de grupos sociais, torna-se pobre a dicotomia alta cultura/cultura de massa. Um setor considerável da população, extraído das classes médias, mas não exclusivamente, é capaz de consumir e de fruir objetos culturais menos primários do que os oferecidos pela *masscult*. Para satisfazer às exigências desse público, intermediário entre o refinado e o massificado, existe uma cultura média. A *midcult* tem-se por séria e digna. Ela cultua certos valores: a aparência bem composta e, sempre que possível, brilhante; desdenha o grosseiro, embora ame o pitoresco, o picante; em letra impressa, ou na película filmada, uma projeção dos seus ideais de progresso e de liberdade. Estilisticamente, a literatura *midcult* se constrói sobre padrões de um realismo até certo ponto tradicional, enquanto se aplicam fórmulas de um naturalismo brutal (*007*, por exemplo). A *midcult* tem-se por moderna, liberal e cultiva certas veleidades de reformismo. No entanto, qualquer pessoa realmente culta e medianamente dotada de espírito crítico sabe que as revistas *midcult* simplificam até aguar de todo as grandes correntes de pensamento e de arte de nosso tempo: basta ler o que as seleções do *Reader's Digest* fizeram nas suas biografias pitorescas de grandes compositores; ou o que típicas revistas *midcult*, como *Life* e *Realidade*, dizem das conquistas freudianas ou marxistas, ou sobre a arte moderna. A *midcult* tem uma ideologia (progressismo material, entusiasmo incondicional pelas conquistas da técnica, igualitarismo jurídico, sem ousar o econômico; crítica verbal aos valores tradicionais; o mito da informação como bastante para modificar o mundo), mas não sabe que a tem.

Midcult é, nos Estados Unidos, segundo MacDonald, a edição "revista e atualizada" da Bíblia, que destruiu um dos monumentos da língua inglesa, a chamada *King James Version*. *Midcult* é a obra toda de conselhos positivos do famoso Dr. Norman Vicent Peale (1967), que já foi visto em comícios antidemocráticos depois de ter escrito palavras como estas:

> Quando a conversa num grupo tende a tornar-se violenta, procure injetar nela ideias sãs [...]. É importante eliminar da conversação todas as ideias negativas, pois elas tendem a produzir tensão e aborrecimentos. Por exemplo, quando você estiver almoçando com um grupo de pessoas, não comente que "os comunistas dominarão logo o país". Em primeiro lugar, os comunistas não dominarão o país e, ao fazer você aquela asserção, estará com isso criando uma reação depressiva no espírito dos outros. Isso inegavelmente prejudica a digestão. Uma asserção depressiva como esta desagrada a todos os presentes. Ao saírem, eles levarão consigo talvez certo aborrecimento. Levarão também consigo a sensação de que nem tudo está correndo bem. Há ocasiões em que devemos enfrentar essas duras questões e tratá-las de maneira objetiva e vigorosa; ninguém mais do que eu tem maior desprezo pelo comunismo, mas, em regra geral, para ter paz de espírito é preciso que na conversação se recorra sempre a expressões felizes, otimistas e agradáveis.
>
> Outra técnica eficiente para se desenvolver a paz de espírito é praticar diariamente o silêncio. Todas as pessoas deviam insistir em manter pelo menos uns 15 minutos de absoluto silêncio a cada 24 horas. Não escreva nem leia. Pense o menos possível. Neutralize o espírito. Conceba-o como estando completamente inativo. Isso não será muito fácil a princípio, porque os pensamentos estarão agitando-o, mas a prática aumentará a sua eficiência (Peale, 1960, p. 36-37).

2 Cultura de massa, cultura popular, cultura operária   81

Midcult são os clubes de livros que evitam cuidadosamente o pior e o melhor e são capazes de sobreviver longamente na zona morna do convencional. No entanto, o escritor e o público *midcult* se julgam modernos e originais porque, no fundo, imitam esquemas da penúltima vanguarda. Trata-se já da fase "acadêmica" de novidades que já não seriam tão novas para a alta cultura, mas que por fim "chegaram" e venceram junto ao público médio. A esse fenômeno de disseminação dos estilos cultos dá-se o nome de *kitsch*[23].

O que é o *kitsch*?

É a receita das invenções aplicada pela indústria cultural. É a arte abstrata impressa nos arabescos de um pano para cortinas. É a estilização expressionista dando forma rígida e alongada a milhares de madonas de gesso. São os caixotes pesados e uniformes das casas que aspiram ao funcional da arquitetura moderna. O *kitsch* é antitradicional, não porque inova, mas porque tem pressa de imitar o que lhe parece consagradamente moderno. O *kitsch* é uma técnica de solicitação ideológica e emotiva que procura adequar-se ao universo de aspirações do público médio e estimular nele a procura comercial. Eco define-o bem como "pré-fabricação e imposição do efeito".

O público médio quer diferir da massa. Ser diferente é seu supremo desejo. Há uma indústria do "diferente": a que vende objetos que parecem "fora de série". Se a vanguarda artística produz alguma forma de original, ela é de pronto solicitada a comunicar ao público médio as suas descobertas. As revistas *midcult* (*Realidade*, *Veja*) têm fome de excentricidade para alimentar os milhares de leitores que querem ver e, se possível, imitar as poses dos vanguardistas.

---

23. Nota Umberto Eco (1965, p. 68): "Ludwig Giesz, em *Phaenomenologie des Kitsches*. Rothe Verlag, Heidelberg, 1960, sugere algumas etimologias do termo. Segundo a primeira etimologia ele remontaria à segunda metade do século XIX, quando os turistas americanos em Mônaco, querendo adquirir um quadro, mas a baixo preço, pediam um 'esboço' (*sketch*). Daí teria vindo o termo alemão para indicar a vulgar pacotilha artística para compradores desejosos de fáceis experiências estéticas. Todavia, em dialeto meklem-burguês existia já o verbo *kitschen* por 'recolher barro da estrada'. Uma outra acepção do mesmo verbo seria também 'mascarar móveis para fazê-los parecer antigos', enquanto se tem o verbo *verkitschen* por 'vender a baixo preço'".

No dizer de Umberto Eco (1965), o apocalipse integra-se. O artista procura opor-se ao mundo e exprimir na sua obra um estado de tensão com a realidade. Mas a força centrípeta da indústria cultural absorve o apocalipse. E vai mais: explora as posições radicais dos artistas em entrevistas que satisfazem a vaidade ingênua do entrevistado, mas se confundirão, para todo sempre, na sarabanda de imagens, anúncios e notícias da revista *Midcult*: "*pour épater le bourgeois*"[24] foi o *slogan* desafiador dos vanguardistas do século XIX, mas agora a burguesia desenvolveu a paixão de ser chocada (MacDonald, 1962, p. 57).

A integração da arte e das posições existenciais mais autênticas faz-se, portanto, no plano do efeito publicitário. "Nesse sentido, o *kitsch* se identifica com as formas mais vistosas de uma cultura de massa, de uma cultura média e, em geral, de uma cultura de consumo" (Eco, 1965, p. 71). Aparentemente, ele põe à disposição os frutos da cultura superior, mas esvaziados da ideologia e da crítica que os animava.

Na verdade, o *kitsch* apoia-se na visão que a classe dominante tem da realidade que o consumidor está vivendo. Como a propaganda, de que ele é forma mediata, não inova, apenas varia combinando elementos da mentalidade e do universo de valores aceitos pela maioria.

Um sólido princípio para compreendê-lo é: o *kitsch* é amado. É difícil resistir aos seus apelos na medida em que as suas mensagens, como as da propaganda, tocam certas motivações ("seja romântico! More num parque", "O que é semelhante ao amor de mãe?").

A indústria *masscult* e *midcult* não pode subsistir fora de uma contínua rede de estimulações sensoriais e emotivas que provoquem a compra. Adorno teoriza sobre "indústria cultural": podemos nela integrar as categorias acima, de MacDonald.

Na obra de arte, a técnica da feitura de imagens liga-se à organização imanente da coisa, à sua lógica interna. Para o objeto de consumo, a técnica tem como único suporte operacional o efeito,

---

24. "Para impressionar a burguesia".

2 Cultura de massa, cultura popular, cultura operária 83

algo exterior ao objeto. Sua aparente diversidade não engana o olho atilado de um Adorno: "O que na indústria cultural se apresenta como um progresso é a troca de vestimentas do sempre igual; a variedade cobre um esqueleto que conhece tão poucas mudanças quanto a própria motivação do lucro" (Adorno, 1964, p. 14).

Vimos que seus conteúdos afetivos são utilitários: as produções do espírito no estilo da indústria cultural não são *também*, mas integralmente mercadoria.

O *kitsch* não é nunca uma invenção ou descoberta que traduza uma nova visão da realidade. Produzido a partir das inovações que a arte trouxe, ele parasita a arte; veremos que uma grande obra de arte pode sofrer um processo de *kitschficação*. Tome-se o exemplo de *Morro dos ventos uivantes*, de Emily Brontë, que tem sido um dos temas preferidos das fotonovelas.

O método começa por esquematizar o enredo. Reduz o número de personagens e de cenas, afrouxando a densidade narrativa. Elimina toda a complexidade psicológica dos heróis. Poderíamos fazer um elenco das perdas mais graves que sofre o romance. A primeira perda é a do aprofundamento existencial das paixões conseguido por Emily Brontë: os heróis Heathcliff e Cathy, que se movem entre as contradições do bom senso puritano e do sentimento, são reduzidos a estereótipos. Outra perda é a da interação do conflito e da paisagem que guarda no romance uma genial coerência: a atmosfera sombria dos interiores de *Morro dos ventos uivantes* com a infância intensamente sofrida; a paisagem selvagem da charneca e a pessoa de Heathcliff; o "décor" amaneirado da mansão dos Linton com a rendição de Cathy e a sua entrega à forma de um papel social cujo desempenho suga todo o seu alento. Perde-se a dimensão histórica e cultural do protestantismo vitoriano. O leitor irá encontrar na fotonovela dois tipos claramente identificáveis, os bons e os maus: o tecido dos heróis fica reduzido a uma cor uniforme. Os espectros, animados no romance de uma natureza ambígua, sendo ao mesmo tempo o consolo e o tormento de Heathcliff, na versão em fotonovela aparecem como expedientes da intriga esvaziados de suas obscuras forças psicológicas. O processo redutor é semelhante ao da propaganda.

Essa também fixa posições em dois campos opostos e irredutíveis (Johnson ou a ruína; comprar ou perder de vez uma oportunidade; agora ou nunca). O mundo fica parecendo mais claro e inteligível para o leitor médio, mas há uma perda cada vez maior na capacidade de compreender o lado oposto.

As estruturas de consolação

Nas considerações anteriores insistimos nas distorções estéticas que sofre o objeto fabricado em série, na medida em que sua lei básica é a produção de efeitos no maior número possível de consumidores. A obra narrativa deve resolver problemas, não de estética, mas de Psicologia Social. Para que a narração desperte interesse, que problemas de forma e de conteúdo precisa resolver?

Segundo Umberto Eco, o autor arma uma cadeia de satisfações contínuas e renováveis para a fome do público. Esses artifícios estão impregnados de *kitsch*, de estilemas avulsos furtados de um contexto original onde eram necessários. O tópico literário que obteve sucesso em outro contexto desencadeia no preguiçoso leitor um reflexo condicionado de emoção: "Para completar o efeito desse quadro, recorde o leitor o aspecto misterioso, fantástico, de um quarto em que as chamas da lareira lutam com as sombras"...

Apresentando esse estímulo discriminativo, poupa-se o escritor de descrever o "impressionante quadro" talvez já descrito com mais fôlego em outro livro cuja evocação fica por conta do leitor. O automatismo na descodificação é um recurso comum na fotonovela.

O romance popular é um dos primeiros exemplos de comunicação de massa: a mensagem é construída em função de códigos predeterminados e é recebida e interpretada pelo destinatário com base em códigos seus pessoais. Os significados sofrem da fonte ao emissor contínuas distorções perceptivas e filtragem: por isso, a leitura semiológica da mensagem deve ser completada por controle de campo.

Seria útil, nessa altura, perguntar das razões humanas que levam o consumidor a aceitar tão entusiasticamente certos produtos culturais, respondendo a eles como se o fizesse a reforços compen-

2 Cultura de massa, cultura popular, cultura operária

sadores. Uma feliz expressão de Umberto Eco propõe uma chave para o problema e abre perspectivas no plano da interpretação: o *kitsch* e, por extensão, os produtos de cultura para as massas, funcionam como "estrutura de consolação"[25].

Já no ensaio de Antonio Gramsci, *Letteratura e vita nazionale*, Eco encontrava uma interpretação do romance folhetinesco em termos de fantasia compensatória:

> O romance-folhetim substitui (e, ao mesmo tempo, excita) a imaginação do homem do povo, é um verdadeiro sonhar acordado. Pode-se dizer, neste caso, que a imaginação popular depende do complexo de inferioridade "social" que desencadeia intermináveis devaneios sobre a ideia de vingança ou de punição dos responsáveis pelos males padecidos (Gramsci, 1968, p. 108).

E Gramsci acrescentava com ironia que "nascido no seio da literatura folhetinesca, o super-homem ascendera ao plano da filosofia"...

Ora, o processo compensatório, mola das intermináveis continuações e dos sucessivos apêndices que prolongaram o êxito dos *Mistérios de Paris* e de *Rocambole*, reaparece nas fotonovelas e nos gibis do século XX, depois de esquecido, senão desprezado, pelos escritores de ficção culta.

O filósofo italiano lamenta o fato de a elite de escritores viver separada do seu povo. A falta de identidade de concepções do mundo entre povo e escritor vem de este desconhecer os sentimentos populares e se abster de uma função educadora nacional.

Essa elite destacada, alheia às necessidades de outras classes, como que solta no ar, constitui uma casta e não uma articulação –

---

25. A ideia, mas não a expressão, de Umberto Eco já estava na pena de Leo Bogart que, arrolando caracteres da "popular art", se refere à *catarse*, peculiar às histórias em quadrinhos, e a define como "algo que requer interesse (mobilização e focalização de tensões latentes no público); interesse que, por sua vez, implica empatia e identificação" (Rosenberg; White, 1957, p. 190). A catarse resolve conflitos depois de tê-los aguçado e apelado para identificações do leitor com o personagem. O efeito é, em última instância, consolador, pois reforça esquemas ideológicos e afetivos postos em risco ao longo das estórias. Uma análise de conteúdo dos quadrinhos de Dick Tracy, Gasoline Alley, Orphan Annie e Terry, feita por Leo Bogart (1957), continuou plenamente a hipótese de que a *gratificação final* servia de traço comum a todos.

com funções orgânicas – do próprio povo. Por que – pergunta-se Gramsci – não tem sabido elaborar um humanismo moderno, capaz de se difundir até as camadas mais pobres e incultas? Esses intelectuais, presos em um círculo universitário onde se especializam, estão, na verdade, ilhados em um mundo antiquado e mesquinho, abstrato e individualista.

Voltando ao romance popular que equivale aos romances "de classe" para gente culta, Gramsci observa que os leitores de folhetim (aqui diríamos fotonovela) se apaixonam pelos seus autores com uma sinceridade muito maior e com um interesse muito mais vivo do que nos chamados círculos cultos as pessoas se interessam pelas obras eruditas. E se os conteúdos amados pelo povo são expressos por grandes artistas (Shakespeare, clássicos gregos, Tolstói ou Dostoiévski), são esses os preferidos.

Em outra observação feliz, nota que a origem psicológica do êxito do romance policial seria uma manifestação de revolta contra a padronização e a mecanicidade da vida moderna. Essa explicação não poderia ser utilizada para todas as formas de ficção? Também Dom Quixote – o leitor herói – não procura se evadir do cotidiano de uma aldeia espanhola? Interpretando o êxito de *Os três mosqueteiros*, ele observa que quanto mais racionalizada se faz a existência, quanto mais previsível se faz a tarefa imposta ao indivíduo, tanto mais se reduz a margem da aventura, assim como se reduz a livre-selva de cada um de nós entre as paredes sufocantes da propriedade privada.

Gramsci aponta os dois males profundos da nossa civilização: a falta de fé e a morte da aventura.

Quanto à ideologia, as soluções dadas aos eventos nada inovam, antes confirmam os desejos do leitor. Na verdade, caso fosse proposta pelos *media* uma sociedade inteiramente mudada, o leitor médio não se reconheceria nela, crê-la-ia fantástica. Sue morreu no ano em que apareceu *Madame Bovary* (1857). Na obra-prima de um anti-Sue, Gustave Flaubert, Emma, a leitora de romances consoladores, aprendera a esperar por um mundo de paixões em

2 Cultura de massa, cultura popular, cultura operária

disponibilidade que jamais chegaria, mas que era o horizonte de milhares de leitoras pequeno-burguesas do seu tempo.

A mesma verossimilhança dos ambientes e das personagens, que, no entanto, serve de apoio às sortidas mais inverossímeis, foi notada como uma constante de romances policiais norte-americanos (La Farge, 1957, p. 176-185).

O campo da investigação semiológica (daquela semiologia que Saussure propunha como ramo da Psicologia Social) está, pois, aberto: e a hipótese, no caso, é de que o teor e os processos de composição da literatura de massa estariam subordinados a necessidades de evasão e de consolação. Tarzan e Super-Homem dariam ao jovem operário (e não só ao operário) o avesso de sua impotência social; as personagens olimpianas, princesas em férias ou estrelas do cinema e da TV, compensariam do cinzento anonimato milhares de jovens balconistas e empregadas domésticas.

A situação operária

Nas horas de lazer, cada um se distrai como pode, já que não lhe é dado fazer o que quer. O que lê uma jovem industriária à noite ou nos fins de semana? Caso se encontrasse nas suas leituras um *corpus* temático peculiar à sua situação objetiva de classe, ter-se--iam condições para afirmar a existência de uma literatura aderente aos problemas do meio operário. Em caso negativo, ter-se-á a confirmação de que a operária é mais um tipo de consumidor de produtos culturais fabricados em série em função de certos efeitos.

Se no trabalho e no lazer corre o mesmo sangue social, é de esperar que a alienação de um gere a evasão e processos compensatórios em outro.

Essa é, aliás, a posição de um dos melhores estudiosos de Sociologia do Trabalho, Georges Friedmann (1968).

Friedmann situa o problema do lazer na sociedade global e, vinculando-o às possibilidades dos meios de massa, conclui pelas seguintes alternativas oferecidas hoje ao operário:

(a) corrida para formas compensatórias imediatas: o operário experimenta uma sensação de liberação nos momentos de tempo livre e cai presa de um ativismo frenético (*camping*, jogos violentos de fim de semana, alcoolismo) ou, de qualquer modo, de uma rede montada de distrações (TV, rádio, cinema) que afastam a sua consciência o mais possível do trabalho da semana;

(b) apatia: o operário, desgastado pelo número excessivo de horas (regulares e extraordinárias) de trabalho mecânico, passa o seu fim de semana entregue a uma considerável exaustão psíquica. Retrai-se dentro de casa onde, quando muito, lê saltuariamente jornais ou revistas e assiste a algum programa de TV.

Desenvolvendo ambas as possibilidades, diz Friedmann:

> Segundo o temperamento, o meio familiar, o nível cultural, a energia deixada disponível pelo trabalho e pelos transportes, uns reagem por tentativas de compensação, outros pela abstenção, pela indiferença mais ou menos deprimida. As pesquisas sistemáticas sobre as atividades de lazer no meio do trabalho industrial são muito pouco numerosas. Entretanto, seria fácil estabelecer uma lista de importantes testemunhas operárias análogas às recolhidas por Robert Guest, que nos mostram um operário *semiskilled* incapaz, após sua jornada de trabalho sobre uma cadeia de automóveis, de superar o esgotamento; para uma grande porção de operários e empregados, ocupados em suas tarefas rotineiras em rápida cadência, privados de toda responsabilidade, o tempo liberado está ameaçado pela fadiga, frequentemente mais psíquica do que física, que pesa até o ponto de anular sua capacidade de se divertir. Outras testemunhas mostram, em sentido inverso, a procura de brutais compensações à opressão da personalidade pelas tarefas industriais em migalhas (Friedman, 1968, p. 102).

No seu valioso estudo sobre os trabalhadores negros de Detroit, Friedmann descreve ócios violentos "nesses miseráveis distritos onde não há nem jardins, nem campos esportivos, nem bibliotecas" e não vê bem o que poderiam fazer durante suas horas de lazer esses trabalhadores negros incultos e privados de um lar decente;

2 Cultura de massa, cultura popular, cultura operária

eles procuram afirmar-se, custe o que custar, durante as horas de liberdade, fora do trabalho, que não permite nenhuma expressão de si mesmos. "Quando a estes trabalhadores negros se faz alguma observação acerca do emprego dos seus ócios, alguns respondem: Mas o que é a vida? O que é um homem?, traduzindo assim obscuramente a insatisfação de seu trabalho despersonalizado e de sua condição na fábrica" (Friedmann, 1961, p. 168-169).

Uma excelente pesquisa realizada na Fiat Mirafiori de Turim (Universidade de Turim, 1969)[26] revela o desinteresse do trabalhador pela tarefa monótona e repetitiva. Respondendo à pergunta – O que você pensa do seu trabalho? –, ele, na maior parte das vezes, não faz reivindicações salariais como se poderia esperar, mas exprime desgosto ante a continuidade de um trabalho uniforme que secunda os automatismos. As respostas nos surpreendem pela qualidade nova da conscientização alcançada. Transcrevemos em nota de rodapé, no original italiano, as palavras dos operários para que conservem o seu vigor[27].

---

26. A pesquisa, feita por universitários de diversas entidades, está depositada no Instituto de História da Faculdade de Magistério de Turim.

27. "Io lavoro in linea e tutti i lavori di linea sono balordi, soprattutto per il ritmo che ci ha la linea; perciò se il lavoro è bello diventa brutto.
  – Chi non ha provato non può crederlo quanto è duro.
  – É un lavoro che mi annienta la vita.
  – Lavoro non lo chiamerei, ma un movimento delle braccia ritmato che dura 8 ore. Un movimento che non mi aguzza certo l'ingegno e di conseguenza non dà nessuna soddisfazione.
  – Penso che con questi ritmi che ci sono nelle linee e altre lavorazioni non si può avere una vita molto lunga...
  – Ritmi impossibili, rumore assordante, aria irrespirabile, e nessuna possibilità di far valere le proprie capacità.
  – Il lavoro che svolgo attualmente in generale mi piacerebbe se svolto in altre condizioni. Però il fatto di doverlo fare in linea con determinati e piuttosto accelerati tempi di produzione, senza un minuto di respiro, toglie la possibilità di imprimere al lavoro la mia personalità e quindi mi spinge a odiarlo.
  – Atrofizza il cervello!
  – É una moderna forma di produzione che non appassiona nessuno e rende estremamente monotono e squallido il periodo che si deve passare in fabbrica.
  – Stupido, insignificante, monotono; basterebbe un bambino, un deficiente a farlo. Non permette nessuna iniziativa personale e quindi, come già dicevo, diventa monotono. Por otto ore la stessa 'musica': forare e forare.
  – Penso che siamo solo un meccanismo della macchina di produzione che la fanno correre velocemente oppure una maglia della catena di produzione che quando non va bene la sostituiscono.
  – Ho mai saputo che i robot pensino."

Na mesma ordem de ideias, mas acentuando o vinco psicológico do discurso, escreveu Ernest van den Haag:

> A monotonia torna-se mais árida pela amplitude das linhas de produção que debilitam o relacionamento de cada trabalhador com o produto final e certamente com a produção como um processo significativo. O apego emocional às tarefas de produção e aos produtos também se afrouxa, pois, cada contribuição vem a ser insignificante e os produtos finais são uniformemente privados de marcas identificadoras de habilidade pessoal ou de imaginação. Uma vez que as técnicas de produção se padronizam, elas requerem *mais autorrepressão do que autoexpressão* dos trabalhadores [...].
>
> A carga de prazer e de experiência pessoal cai pesadamente na extensa faixa de vida que escapou ao trabalho. Daí o lazer tornar-se amiúde uma busca de excitação – substitutiva ou direta – para compensar a monotonia do trabalho e dar um sentimento de vivência (Rosenberg; White, 1957, p. 505).

Vê-se, pois, que o trabalho não pode ser despojado da alegria da expressão. Existindo o trabalho como atividade marginal em relação à "verdadeira vida", o lazer se tornará um espaço de fuga e as possibilidades reprimidas no trabalho acabam sendo uma impossibilidade na fábrica ou fora dela.

A caracterização dessa "faixa da vida que escapou ao trabalho" é o objeto de uma psicossociologia do lazer. E por lazer começa-se a entender não mais o simples ócio que os romanos opunham às operações produtivas (o *negotium*, de *nec otium*), mas grande parte dos traços culturais de uma sociedade incluindo atividades lúdicas, políticas e religiosas.

Eis como Joffre Dumazedier define o termo, depois de ter estudado a sua evolução a partir de 1830:

> Lazer é um conjunto de ocupações às quais o indivíduo se pode entregar de pleno agrado, seja para descansar, seja para se divertir, seja para desenvolver sua participação social voluntária, sua informação ou sua formação desinteressada, depois de se ter liberado de todas as suas obrigações profissionais, familiares e sociais (Dumazedier, 1962, p. 341).

2 Cultura de massa, cultura popular, cultura operária

Uma vez que o lazer é o tempo liberado após a atividade produtiva, não se pode defini-lo independentemente do trabalho e das condições em que este se realiza.

O alargamento semântico dessa noção deve-se ao caráter descontínuo das sociedades industrializadas: as várias vidas do sujeito organizam-se em compartimentos estanques, de modo que a vida profissional não se coordena diretamente com a vida familiar nem com os momentos livres da vida pública. O trabalho na fábrica, por exemplo, limita fortemente o número de contatos do operário, ao passo que a assistência à TV ou ao cinema o faz coparticipante de uma realidade social muito mais ampla.

Nas sociedades rurais ou pouco industrializadas há sempre um certo grau de contiguidade entre o grupo do trabalho, o grupo familiar e o grupo do lazer; o que fica patente nas festas sazonais, de plantio ou colheita, signos de um estilo comunitário de vida.

O âmago do problema de uma cultura popular e, mais especificamente, de uma cultura operária, é justamente o descompasso cada vez maior entre as séries contextuais que integram a existência dos estratos mais pobres da população. Creio que o caráter evasivo e compensatório do lazer operário, posto em evidência por tantos estudiosos da questão, acha seu fundamento no intervalo psicossocial aberto entre os tempos de trabalho e de não trabalho.

Deve-se ao trabalho analítico de um sociólogo da indústria, Alain Touraine (1969), uma formulação do problema em nível sistemático.

Touraine aceita, sem hesitar, a ideia de que já não é possível subsistirem subconjuntos do tipo "cultura operária" no interior da sociedade industrial avançada[28].

---

28. A propósito: uma pesquisa feita por René Kaës, de 1958 a 1960, mostrou que só os operários menos qualificados, menos jovens, os de origem agrícola e as operárias se interessam pela aquisição de uma cultura profissional, pré-formulada para o operário. Os trabalhadores mais jovens ou mais participantes reagiram negativamente a essa ideia, reclamando, ao contrário, uma formação geral do mesmo nível recebido pelas outras classes. "Queremos a possibilidade de escolher. Não se pode prever, por exemplo, que nós não possamos gostar de Sartre. Eu, por exemplo, gosto muito de Sartre", foi a resposta de um mecânico de Rhône ao pesquisador (Kaës, 1963).

Fora dos campos profissionais só restariam organizações culturais de massa quer capitalistas, quer estatais. Aceita a premissa, o problema acaba mudando de figura. Já não se trata de determinar faixas de lazer específicas correlatas com as classes sociais, mas, sim, de avaliar os diferentes graus de participação dos indivíduos no todo sociocultural. Para Touraine, a possibilidade de uma integração criadora, isto é, de uma forma não passiva de lazer, é diretamente proporcional à responsabilidade do indivíduo na esfera da produção. E, inversamente: quanto menos o operário dispuser de liberdade na área do trabalho, mais passivo será o seu relacionamento com a cultura de massa, mais estreita será a sua dependência existencial em face dos grupos primários como a família e o *vicinato*.

Na sociedade pós-industrial, o quadro das relações entre trabalho e lazer articula-se do modo seguinte:

(1) No nível mais baixo, os trabalhadores que recebem os piores salários e que ficam encerrados em zonas marginais, zonas de decomposição dos meios culturais anteriores: imigrantes, vindos de países ou regiões culturalmente diferentes, trabalhadores de zonas em declínio econômico, velhos, assalariados, todos de fraquíssimas rendas, que se esforçam por se proteger pela manutenção dos laços familiares.

A esse nível (1) corresponde um uso nulo ou pobre dos meios de massa. Poderíamos mesmo equiparar esse uso à apatia e à fadiga observadas por Friedmann e corroboradas por uma pesquisa de campo[29].

(2) Um pouco acima, o número considerável dos trabalhadores de execução (operários ou pequenos burocratas) que só participam da cultura de massa pela aquisição de produtos e pelo consumo de espetáculos. Também nesse es-

---

29. Uma série de entrevistas feitas em bairros operários de Toulouse, em 1957, detectou precisamente esse fenômeno de segregação social dos estratos mais pobres. Do orçamento médio de uma família operária só 5,9% eram dedicados à cultura e ao lazer (contra 50,6% dados à alimentação e 17% à roupa). Correlativamente, observou-se um forte apego à vida doméstica (Larrue, 1963).

trato observa-se um forte apego aos grupos primários que se mantêm como focos centrais de interesse para o trabalhador. Touraine menciona, a favor desta última correlação, pesquisas feitas em Kansas City por Havighurst e registradas no *American Journal of Sociology* (1957-1959): os resultados organizaram-se em torno das qualificações *home centered* (para o operário e baixa classe média) e *community centered* (para a alta classe média).

(3) Indivíduos que se definem por uma função e um nível numa organização. É a categoria mais aberta à influência de mensagens culturais fortemente hierarquizadas. Promoção, mobilidade, imitação das categorias mais elevadas são, para eles, objetivos essenciais. É provavelmente também essa a categoria que utiliza com mais convicção os equipamentos coletivos.

Podemos correlacionar esse estrato ocupacional com a classe média alta que compreende os níveis médio e superior da burocracia e parte das classes liberais. Seriam também os maiores consumidores do *kitsch* e de uma indústria cultural mais diferenciada. O turismo organizado comercialmente figura entre suas formas correntes de lazer.

(4) Enfim, no ponto mais elevado, aqueles que se ocupam de tarefas de direção e de conhecimento. Cultivam um gênero de vida aristocrático e só participam da indústria cultural enquanto inovadores, programadores ou, eventualmente, críticos. A eles é dada essa possibilidade de enriquecimento pessoal nas horas de lazer. Acham-se, por assim dizer, no topo da organização (estatal ou industrial), o que lhes dá condições para analisar os projetos do lazer massivo ou, mesmo, intervir diretamente na sua configuração.

Do quadro acima depreende-se que as variantes se devem procurar não tanto nos produtos da indústria cultural (que tendem, ao contrário, a unificar-se sob certos padrões de efeito seguro), mas na diferenciação dos grupos socioculturais segundo um *continuum* que vai da máxima passividade à possibilidade de expressão inovadora.

Do primeiro extremo – que interessa de perto ao nosso trabalho – diz Touraine: "A passividade não é senão a transcrição psicológica da submissão ou da dependência econômica e social".

Nessa linha de pensamento, porém, qualquer sondagem sobre a leitura em meios operários se arriscará a ficar na mera constatação de que a indústria cultural provê o único alimento dos sujeitos considerados, a não ser que o pesquisador tente ir além da pergunta "O que lê uma operária?" e indagar das potencialidades realizáveis nos entrevistados ("O que gostaria de ler uma operária?").

Cremos que o que o próprio Friedmann chama com justeza de "um universo de possíveis" é o conjunto complementar dos fatos ou dos hábitos estatisticamente verificados.

Só o confronto desses hábitos com as aspirações declaradas pode testar com objetividade a hipótese geral lançada atrás, pela qual a leitura mais procurada pelas operárias responde principalmente a tendências compensatórias, evasivas, gratificadoras.

No "universo dos possíveis" que chega ao operário exposto aos *mass media* há uma dose de informações variável e irregular quanto ao conteúdo (política, saúde, educação, religião, esporte, artes, ciências naturais...). Pouco, às vezes nada, é assimilado (nível factual quantificável). Mas, confrontadas com elencos de assuntos extraídos dos próprios veículos impressos, as entrevistadas podem indicar preferências por certas faixas do real que nem sempre coincidirão com os aspectos explorados pelas suas leituras habituais.

A comparação entre o certo e o provável dá uma complexidade nova à sondagem e evita que se tome o factual pelo fatal.

3
Leituras de operárias

O ato de leitura não é um simples ato de
conhecimento: é uma experiência que
compromete o ser vivo.

Robert Escarpit.
Sociologia da literatura (1969)

Um exemplo que busca elucidar as questões deixadas em aberto no capítulo precedente é o de uma pesquisa feita com um grupo de operárias com o objetivo de conhecer suas leituras e a maneira pela qual eram atingidas pela comunicação escrita.

Por que comunicação "escrita"? Porque jornal, revista e livros formam um setor privilegiado de estudo no quadro geral das comunicações de massa. A escolha de um informativo cotidiano, de um semanário ou de um romance pressupõe (como já deixamos entrevisto nas páginas introdutórias) um ato mínimo de vontade, um esforço, um passo para a opção.

Ainda que a escolha seja limitada – a escassa cultura livresca do operário restringe-o a poucas possibilidades de eleição para suas leituras –, ela ainda representa um gesto mais vigoroso, de maior empenho pessoal, que a recepção de um programa de TV ou de uma novela de rádio.

As livrarias e bibliotecas são raras vezes frequentadas pelas operárias que entrevistamos, mas o ato de entrar em uma livraria exige uma motivação bem mais aguda em direção à cultura que o ser apanhado pelo fluxo das mensagens facilmente assimiláveis de outros veículos de comunicação.

Gostaríamos de sondar numa pequena comunidade operária quais eram as leituras habituais, qual o motivo do seu maior ou menor grau de literacidade (termo aqui usado como uso da capacidade de ler); para que tipo de comunicação escrita o grupo se dirigia em suas horas de lazer; quais as últimas leituras e que interesses imediatos elas satisfaziam. E mais: além dos assuntos normalmente lidos e apreciados, quais os desejados pelo leitor de restritas possibilidades.

Dessa massa de leituras de jornais, revistas, livros, quais as notícias que mais ferem a sua sensibilidade, ficando retidas na memória por tê-lo particularmente impressionado?

Propusemo-nos, em suma, conhecer o uso da faculdade de ler feito por esse grupo de mocinhas.

Seria útil que mencionássemos brevemente algumas dificuldades que separam a operária do ato da leitura.

O lazer, parece-nos, deve ser sempre definido em relação (de posição e oposição) ao trabalho. Não como fato externo, mas como é vivido pelo trabalhador, como integrado na vida cotidiana e como significação para a sua consciência.

O isolamento social do operário, sua ausência das filas de cinema, teatro, das bibliotecas, encontra explicação nas seguintes limitações:

• Jornada longa e intensa;

• Transporte difícil;

• Moradia distante;

• Falta de centros recreativos, culturais; – salário gasto na sobrevivência.

E o que podemos dizer da trabalhadora?

A mulher é, na indústria, aquele operário designado como *sem qualificação*, o que executa operações simples e repetidas que exigem apenas atenção e coordenação motora. O seu treinamento pede destreza em poucas operações e explicações tecnológicas elementares. É aquele operário que não usa avental, mas macacão, e que as pesquisas mostram mais preocupado com o salário do que com a natureza do seu trabalho.

Dentro desse quadro encontramos uma situação especial para a operária:

3 Leituras de operárias

- Menor remuneração do que a do homem;
- As tarefas mais monótonas e sujas;
- Acréscimo de trabalhos caseiros;
- Exclusão do mundo do lazer;
- O salário como finalidade única do trabalho (nem interesse, nem promoção pessoal, nem florescimento da personalidade).

Conforme observação de Sullerot (1970), 95% das operárias trabalham pelo orçamento do lar e 79% para o estudo dos filhos. Nas fábricas as mulheres são colocadas em postos que exigem menor capacidade e são classificados como femininos os trabalhos que exigem menor conhecimento e responsabilidade. As séries mais longas são confiadas às mulheres, assim como trabalhos de ciclo curto, do tipo *furar, ligar, rebitar, pequenas montagens, colagem* (também com matéria incandescente cujo contato prolongado causa lesões nos dedos, como observamos em uma metalúrgica da Zona Oeste de São Paulo).

Exige-se das mulheres rapidez e até aceleração. Para Madeleine Guilbert (Sullerot, 1970), as operárias podem alcançar rapidez maior do que a exigida normalmente e forçar as cadências. Isso, segundo a autora, seria como um "assalto lúdico", uma busca de formas novas de atuar, de exibir um comportamento exploratório, como se provassem a si mesmas o imprevisível da sua humanidade.

As perspectivas de promoção são praticamente nulas e o trabalho doméstico noturno impede que ganhem as horas extras. Na opinião dos empresários, as mulheres são mais dóceis, aceitando salários com que um homem jamais se contentaria. Um contramestre revelou-me que aprecia muito as mocinhas de bairros fabris novos, recém-formados, onde os terrenos são mais baratos e as famílias vieram há pouco das zonas rurais:

> – Estas moças são mais dóceis e humildes; são diferentes das operárias dos bairros fabris tradicionais, Brás, Mooca, Tatuapé. Lá as operárias são filhas e netas de operários, e quando há uma pendência, elas ficam contra seus próprios patrões. E acabam tomando o partido dos operários!

* * *

Nos tempos de crise recaem os trabalhos pesados sobre o operariado feminino. Durante a Primeira Guerra, queixava-se o sindicato dos funileiros franceses que as mulheres permaneciam um número excessivo de horas na solda autógena num calor que os homens recusavam como insuportável.

A racionalização favorecia o aumento do contingente operário feminino. Nos Estados Unidos, um trabalho de pintura de automóveis que empregava 22 homens passou a ser executado por 4 mulheres com pintura a jato. Na fundição, o trabalho realizado por homens de 1 a 3 horas (blocos de cilindros para motores), hoje ocupa 6 minutos de trabalho feminino com a máquina de injetar.

Essa racionalização não favoreceu o seu salário, que é o que mais se reduz nas épocas de crise e depressão. Por isso, o trabalho das mulheres e crianças sempre foi preocupação dominante das petições operárias. Os jornais do início do século em São Paulo noticiavam que uma operária de seis anos fora colhida pela máquina e gravemente ferida (Rodrigues, 1968, p. 29).

* * *

No baixo operariado, as mulheres trabalharam primeiro como lavradoras, ao lado do marido e dos filhos, antes de virem para a cidade. Depois como lavadeiras, faxineiras, domésticas ou operárias. Não obstante isso, pensam que o lugar da mulher é em casa, e sua situação é aceita como provisória devido às necessidades da família. Para Luiz Pereira, o "não trabalho fora" das mulheres e crianças menores de 14 anos, em ocupações manuais, constitui padrão cultural altamente prezado pelo operariado. Os maridos entrevistados pelo sociólogo declaram que se ela fosse professora ou contadora, o caso seria diferente...

Conclui o Professor Luiz Pereira que:

> [...] a aceitação do trabalho feminino em atividades *não manuais* mostra-se como componente da vivência aspirada, pelas famílias operárias em geral, de uma situação de classe *superior* à operária e, assim, consiste numa das múltiplas expressões assumidas pela negação da própria situação de classe operária (Pereira, 1965, p. 179).

3 Leituras de operárias

O sociólogo Celso Frederico (1978), pesquisando uma indústria mecânica de tamanho médio em Santo André, colheu depoimentos relevantes sobre a mentalidade operária. Ouçamos o que nos diz Ema sobre seu trabalho:

> – Antigamente tinha um tabu: alguns serviços eram só para os homens. Hoje está melhorando, mas na fábrica continua a mesma coisa.
>
> Tem muita mulher que trabalha mais do que certos homens e ganha menos. E tem muitas mulheres que são "os homens da casa". Porque cuidam do aluguel, das finanças etc. A mulher não tem muita vez não. Trabalha como homem e ganha bem menos. Isso é injustiça.

E Ida:

> – Acho bom trabalhar em fábrica porque a gente trabalha certa de ganhar ordenado no fim do mês. Eu ganho salário-mínimo, e se não ganhar na loteria esportiva pretendo continuar trabalhando em fábrica. Mesmo se casar, quero continuar trabalhando em fábrica *pra* ajudar em casa. Isso se conseguir arrumar emprego, porque a maior parte das fábricas não aceita mulher casada. A fábrica tem que se responsabilizar pela maternidade, e eles não querem.
>
> Tem muitos operários desempregados, mulher especialmente. O pessoal vai em portaria de fábrica e fica dois, três meses batendo em porta de fábrica, e não arrumam emprego. Eu mesma fiquei dois meses. A mulher não deve só viver atrás de emprego em fábrica. A mulher deve enfrentar o serviço seja ele qual for, pajem, lavadeira, cozinheira... Se não encontra aqui, acha ali.

E Olga:

> – Quando o chefe de seção pede um aumento de produção (por exemplo, fazer 50 máquinas por dia), o pessoal "dá o serviço" no primeiro e no segundo dia. No terceiro dia, não falamos com o chefe de seção: "Só aumento de produção? E de salário?"
>
> O chefe de seção manda falar com o engenheiro que promete aumento para o começo do mês. No dia do pagamento, a gente recebe o ordenado sem o aumento.

As mulheres trabalham mais do que os homens, mas os homens são mais unidos. No ano passado, a firma só deu aumento para os homens. Naquela época havia 180 mulheres trabalhando na fábrica. Nós combinamos de todas as mulheres subirem na sala do patrão e reclamar aumento. Todas concordaram, mas na hora só cinco subiram. Não conseguimos aumento. Se tivesse todo mundo subido, nós teríamos mais força. O engenheiro tapeou-nos quanto quis. Disse que o serviço das mulheres não era de responsabilidade. Um mês depois ele deu aumento pras cinco que tinham reclamado. As mulheres têm medo. Na hora de falar com o engenheiro, que é meio estúpido, elas choram.

Seus companheiros homens comentam, como Antônio:

– É difícil uma mulher trabalhar para sustentar a família. Em geral, elas trabalham para sustentar elas mesmas. Quando é uma mulher que sustenta a família, ela não tem medo de nada. Quando ela está ganhando pouco, ela vai e pede aumento.

Esses depoimentos são uma bela fonte de inferências para a compreensão do problema. Vemos a mulher comparando sua situação atual com a anterior (doméstica, trabalhadora rural), ainda mais precária. Vemos o reconhecimento de qualidades de luta na operária – mãe de família, em que a responsabilidade faz crescer a união com os companheiros de trabalho.

* * *

Não é fácil penetrar numa fábrica: a pesquisa, as longas entrevistas roubam tempo de produção. Sem falar na desconfiança que o elemento estranho ao recinto de trabalho pode despertar.

Vencidas essas barreiras depois de muitas tentativas, conseguimos entrevistar as operárias que trabalham nas seções de enlatamento, acondicionamento de óleo e margarina e saboagem de uma fábrica da Zona Oeste de São Paulo.

Pertencendo à mesma faixa salarial, categoria de horistas, trabalhando 8 horas diárias de segunda-feira a sábado, elas permanecem na fábrica em turnos semanais que se alternam numa semana, das 7 às 16h (com 1 hora para almoço) e noutra semana das 13 às 22h (com 1 hora para jantar). A maioria das moças fizera curso primário completo. Duas estavam tentando cursar o ginásio[30]. A idade variava de 19 a 35 anos, concentrando-se na faixa entre 21 e 23 anos.

A proveniência era a seguinte: 31 provinham de zona rural e 21 de zona urbana. Os dados sobre o grupo estão explicitados na Tabela 1. Entrevistamos cada uma das jovens operárias presentes na fábrica.

O lugar do encontro era uma sala consideravelmente distante do local de produção, onde cada operária era recebida e entrevistada.

Apresentamos, a seguir, as tabelas, com os resultados das entrevistas, bem como as três séries de relatos de leituras de jornais, revistas e livros.

---

30. Uma delas estava em vias de sair da fábrica, pois não lhe era possível conciliar trabalho e estudo.

1. Relatos de Leitura: depoimentos
Os relatos de leitura de revistas

Conte alguma coisa que leu ultimamente numa revista e que tocou seu sentimento

(1) Uma história de ciúmes, achei bacana. Eram duas irmãs. Era antes só uma menina de três anos, feia. Aí nasceu outra. A outra era bonita. Era loira. Quando cresceu tomava os namorados da irmã. Então a irmã foi embora de casa, saiu da cidade. Foi estudar. Gostou do professor que levou *pra* casa pros pais conhecer. Teve aí ciúme da irmã, achou que a irmã ia gostar do rapaz. Mas a irmã era noiva de um piloto. Ela conversou com ele e soube que a irmã ia casar mesmo com o piloto. As duas irmãs se reconciliaram e tudo ficou feliz.

(2) Uma coisa que me tocou foi a enchente do Nordeste, aquelas crianças desamparadas, aquele sofrimento. Também tenho sobrinhos, tenho tudo. A gente não sabe mais *pra* frente o que pode acontecer com a gente. Cada vez que sai qualquer coisa sobre os flagelados quero saber o que aconteceu com eles. São coisas que a gente não esquece.

(3) Este mês, na *Pais e Filhos*, sobre os *hippies*. Queria que alguém de cultura me explicasse melhor. Não entendi tudo e fiquei apavorada, fiquei com medo. Já tinha recalque de meus pais não me incentivarem. (Não tinham nem *pra* eles, como podiam dar *pra* mim?!) A vida dos *hippies*, psicotrópicos que tomam, o ambiente, suas crianças. Medo que meu filho, que outras crianças fiquem assim! Gostaria que meu filho fosse uma pessoa bem-estudada. É o que acho mais lindo!

(4) As coisas que a gente lê sempre, parecem com a vida da gente. Como eu gostei de um rapaz loiro, todo aquele pedaço que eu passei, a mocinha também passou. Ela gostava demais dele, a família não queria. E também ele gostava de outra e marcou encontro com as duas ao mesmo tempo. Quando ela chegou, ele foi com a outra. Foi o que aconteceu comigo também, naquele tempo! Como não deu certo com a outra, depois ele procurou ela, mas ela então só sentia ódio. Nada deu certo. Comigo também: tudo deu ao contrário. Só disso me lembro.

3 Leituras de operárias

(5) A história de Manon, muito romântica, me tocou demais. Ela sofreu demais. Morreu num deserto junto com ele. É uma história de amor. É o que lembro, gosto de ler demais, não lembro tudo.

(6) Não guardo. O que me emocionou bastante... ela era órfã, gostou de um rapaz e não deu certo. Tem tanto problema na vida dos outros que a gente toma *pra* gente!

(7) O fato de uma criança roubada (fotonovela). A preocupação dos pais... nem sei mais. Depois a gente acha que é sem importância, procura esquecer.

(8) A história de uma freira que entrou para o convento. Depois ficou gostando de um rapaz e não podia porque era freira. Foi então para um convento bem distante e de aborrecida que ficou com aquilo, morreu.

(9) Não me lembro.

(10) Crônica. Uma moça ficou cega, viu algo brilhando na rua, foi pegar e a coisa explodiu. Ficou então cega. Muito aflita, até que confiou em Deus que a salvou e ela ficou curada.

(11) Gostei muito da fotonovela de uma moça que gostava de um rapaz que era casado com sua irmã.

(12) É difícil, não guardo essas coisas.

(13) Achei muito interessante a história de um pintor, que não davam valor *pra* ele. Um dia viu uma moça na janela, no andar tal. Foi atrás dela; lá soube que ela morreu no dia antes e foi enterrada. Pintou então o quadro dela. Foi para o interior, lá achou de novo aquela moça que estava noiva de um coronel. Era uma colega, não ela, que tinha morrido e ela tinha voltado no mesmo dia para o interior. Achei muito interessante! Ela brigou com o coronel e casou com ele.

(14) Esqueço tudo! Lembro uma reportagem do Tom Jones, como ele é na casa dele, sua vida artística.

(15) Não sei contar: não leio nada, mas não sei dizer, contar.

(16) Lembro uma história, fotonovela. Uma menininha abandonada, a mãe tocou a cabeça no chão e perdeu o sentido.

Acharam só a menina, não a mãe que tinha perdido a memória.

A menina foi para o orfanato de freiras. Seu pai era muito ruim, judiava da mãe. Quando ela caiu estava fugindo dele. O pai era bandido, as freiras não queriam entregar a menina para ele, mas a superiora obrigou. Ele judiou tanto da menina que ela fugiu de casa. Até que a freira tirou a menina dele. Apareceu a mãe que já não conhecia a filha, mas levava doce *pra* menina. A memória voltou, a menina foi com ela. O marido dela morreu e ela casou com um médico.

(17) Sinceramente não lembro; nunca deixo de ler um artigo sobre juventude, criança, para ver o método que vou usar para educar minha filha.

(18) Não estou lembrando... A *Cláudia* realizou o sonho de um menino que sofria do coração. Levaram *pro* Roberto Carlos que o menino queria ver antes de morrer, mas a *Cláudia* operou o menino e também levou ele para ver o Roberto Carlos!

(19) Não lembro, a gente lê revista só por esporte, não lembro assim...

(20) Uma vez li uma história e gostei muito: era um casal que tiveram que se separar. No fim deu tudo certo. Foi muito emocionante!

(21) Uma fotonovela de guerra. É uma moça que ficou sozinha e aí foi obrigada a dar hospitalidade *pros* alemães. Indo à cidade fazer compras viu um moço inglês que caiu de paraquedas e escondeu no seu porão. Um sargento alemão que gostava dela descobriu e exigiu que ela gostasse dele, então. O mocinho fugiu. Ela teve um filho do sargento, depois o alemão morreu. Quando acabou a guerra ela tinha marcado encontro com o mocinho. No fim, eles acabaram juntos!

(22) Gosto de todas em quadrinhos, de criança. É um menininho e uma menininha. Foram na casa da coleguinha, o médico falou que ela estava com sarampo. Ficou chorando na cama toda pintadinha. Aí... acabou.

(23) Não lembro.

(24) Uma história de amor: era um rapaz que trabalhava em oficina. Tinha um amigo que trabalhava em banca de jornal. Os dois sempre iam passear com a empregada de uma mocinha. Um dia, o noivo da patroa foi viajar. Ela saiu com os três amigos então, para um passeio.

3 Leituras de operárias

Na volta eles acharam um nenê num carro. Deram o nome de Francisco. O noivo voltou, achou que era filho dela; ele foi embora. A moça foi trabalhar para criar o filho. Deixava a criança com o moço da banca de jornal que gostava dela. Todos os dois rapazes gostavam da rica; a moça rica casou com o rapaz da oficina. A empregadinha dela ficou com o jornaleiro. Esses dois ficaram com a criança encontrada.

(25) Gostei de uma fotonovela, "Cristina". A moça gostava de um moço e ele não sabia. Ela fez um espantalho de palha e dizia que era ele. E conversavam. Acabou casando com ele. Gostei muito da história.

(26) [Não respondeu].

(27) A história de uma mulher com uma criancinha. O marido ficou doente (com morfeia). Ela foi ser freira. Depois (o marido dela já tinha morrido), ela desvirou. Aí ela ficou só com o filhinho. Esta é uma que lembro.

(28) Acho que não lembro. Gosto de todas do Mickey, de todas! Não lembro a que mais gostei. Gostei de uma dos piratas. O Mickey ia salvar uma terra em que os ladrões tinham roubado ouro. O Mickey foi e descobriu.

(29) Um menino era órfão, trabalhava em banca de jornal, ficou sozinho. Quando cresceu, saía com os colegas. Uma mocinha rica gostou de um deles. A mocinha pobre ficou gostando daquele menino que era pobre. Um dia, acharam uma criança num carro e a mocinha rica levou para cuidar. O noivo rico dela pensou que o filho era dela e foi embora. Ela preferiu ficar com a criança que seguir o noivo. Batizaram o menino com o nome de Chiquinho.

A moça rica ficou pobre, foi embora. Depois voltou, o Chiquinho estava grande.

A moça rica casou com o Paulo, um colega, e a moça pobre com aquele da banca de jornal, o Maurício.

(30) O casamento do Roberto Carlos. O transplante de coração, também, achei o mais importante.

(31) Uma moça que só tinha mãe; na cidade tinha duas colegas. Foi estudar na cidade com as colegas. Leu uma revista com o endereço

de um moço que queria conhecer uma moça. Ela escreveu *pra* ele e mandou fotografia. As cartinhas dela, que ela mandava *pro* moço, uma das colegas lia, antes de pôr no correio, e até rasgava às vezes. Tirou a foto da moça e pôs a dela no envelope. A mãe da menina adoeceu e ela teve que deixar os estudos. Daí parou de escrever. E o moço veio procurar ela e encontrou a outra. E estranhou tudo o que ela falava porque as cartas da moça eram mais bacanas. Namorou com essa mocinha. Depois, a verdadeira moça voltou para a cidade e pelas conversas ele reconheceu e daí o moço quis namorar com a verdadeira. A novela terminou com a moça verdadeira com o moço. Ela sofreu muito e depois deu certo.

(32) A morte do Kennedy.

(33) Li na *Capricho* uma fotonovela: "Três amores na minha vida". Passou na Guerra da Rússia. Uma moça da sociedade gostou de um rapaz que não era da sociedade; mas casou com o marquês obrigada pelo pai. Fugiu do castelo e ficou se encontrando com o rapaz que ela gostava. Foi descoberta e mandaram ela *pro* deserto com os soldados. Teve dois gêmeos do marquês. Veio a guerra. O marquês casou com outra e roubou um dos filhos dela. O menino morreu. O marquês também.

Do resto não lembro.

(34) Não sei, não guardo, não me recordo.

(35) Não lembro.

(36) Não lembro.

(37) Era uma moça abnegada que encontrou uma senhora muito rica, que morreu e deixou tudo *pra* ela. Depois, ela encontrou um rapaz que gostou, e casou.

(38) Foi a parte de uma moça que era rica e os pais não ligavam *pra* ela. E ela reclamava e tal, tinha muita briga entre os pais. Ela tinha um namorado e tinha também que cuidar dos dois irmãos.

Pedia conselho para a mulher da revista se cuidava da vida dela ou se dava mais importância aos irmãos.

(39) [Não respondeu].

3 Leituras de operárias 107

(40) Não consigo lembrar.

(41) A fotonovela que mais gostei era "Destino de uma jovem". Uma mocinha de um bairro tinha um rapaz rico que perseguia ela. Mas ela gostava mais de um pobre, por amor. No fim ela termina mesmo com o pobre, que ela gostava.

(42) Li uma história da Ilha Maldita que eu gostei muito. A moça e o rapaz foram na ilha a chamado do avô que tinha morrido e queria deixar herança. Lá acharam um velho que não era o avô, era um moço disfarçado de velho que queria a herança e matava todo mundo. Aí, ele gostou da moça. Quando ficou só com ela tirou a barba e as muletas. Mas viram ele e o prenderam. E a mocinha acabou com o rapaz que gostava.

(43) Li esta semana "Uma luz em minha vida". Era uma moça...

Espera aí! Deixa eu começar. Era *dum* moço que tinha um temporal, carro dele enguiçou. Procurou uma casa com luz fraca, acabou a força, não tinha ninguém.

Telefonou *prum* mecânico consertar o carro dele.

Viu uma estátua muito linda, depois aparece uma moça igualzinha à estátua, passam a noite juntos, no dia seguinte ela desaparece, ele pensa que foi um sonho.

Deixa um bilhete com seu endereço, depois ela manda uma carta chamando ele de novo para aquela casa. Ele chega, encontra outra moça e conta espantado tudo o que aconteceu naquela noite. Ela conta que era uma cigana que entrou ali não sei como.

Aí, ele começou a frequentar aquela casa. A moça voltou (a que parecia com a estátua) mais vezes.

Um dia o pai da cigana disse *pro* moço que achou o diário da cigana que dizia que ia se matar porque ele gostava da outra que morava na casa.

Chegou lá e achou a cigana deitada na rede, que fingia que estava dormindo. Aí "ela tirou uma com a cara dele" porque ele acreditou naquilo. Quer dizer, deu risada dele.

Depois de um dia ele foi e achou a mocinha lá depois de muito tempo. Ela deu cigarro *pra* ele, mas a caixa estava vazia, ela era cega. Deu risada, mentiu que não era. Depois ele vai embora, mas volta. Ela está chorando, ouve os passos dele, pergunta quem está aí, era ele. Ele vê que ela era cega mesmo.

Então eles ficam juntos.

A cigana ficou com outro, um homem rico que se disfarçava de motorista de caminhão. Mas era rico como o pai dela queria que fosse o homem que ia casar com a cigana.

(44) Não, não.

(45) Olha, *pra* mim falar a verdade não lembro nenhuma porque faz tempo que não leio revista.

(46) Eu li uma vez a história de uma menina, sabe?

Trabalhava para sustentar a mãe dela. O pai bebia muito, sabe? Depois faleceu. Sua vida era agitada, amargurada. Casou aí com um rapaz muito rico que levou também a mãe a morar com ela. Chegando à conclusão, tiveram um garotinho.

A mãe chegou a falecer velhinha. Foi assim a história que gostei.

(47) Não leio.

(48) Tem histórias que tocam mais a gente como a de uma mocinha que o namorado fez mal *pra* ela e ela escondia dos pais. O pai dizia *pra* ela que um moço quer para casar só uma moça direita, honesta. E ela então sentia mais remorso porque sabia que ela não era mais moça. Que, o que o pai dizia, já não existia mais nela. O namorado gostava dela e no fim casou com ela.

Se ela se entregou é porque confiava nele, sabia que ele gostava dela. Ela sofria muito antes, achava que ia ficar desamparada esperando um filho, mas aí, ele veio e casou com ela.

(49) Olha, eu não sei o nome. Mas li uma história muito velha de uma rainha que teve uma filha e deixou na porta da igreja. Uma senhora pegou a criança que era cega.

A rainha casou com outro e depois reconheceu a filha pedindo esmola na rua. Levou a menina *pro* castelo e ela casou com um moço

3 Leituras de operárias   **109**

pobre que fingia que era rico e ele era muito bom. Sempre tem um filósofo infeliz na história…

(50) Não guardo na memória não. O que gostei muito foi *Meu pé de laranja lima.*

(51) Quando eu leio o *Mickey* acho mais interessante a história sobre o Lobo e o Lobinho. O filho é muito amigo dos porquinhos, e o pai não. Às vezes o lobo faz uma armadilha e o filho sempre avisa os três porquinhos.

(52) Gostei de uma que tinha o rapaz que namorava uma moça, mas gostava da irmã dela. Fazia de tudo pela moça, mas não tinha amor. Ela casou com ele, mas quando deu à luz morreu. Ele não gostava da mulher, mas tinha pena dela. Casou com ela por pena. Ela deixou um nenê.

Os relatos de leitura de jornal

Conte alguma coisa que leu ultimamente num jornal e que "mexeu" com vocês

(1) Li a semana passada um crime. Era um rapaz sozinho que se suicidou. Trabalhava em construção, morava só, com saudades da família. Fiquei apavorada. Que coragem! O que mais me impressiona é isso. Não gosto nem de ler jornais por causa desses crimes. Fico tão impressionada!

(2) Desastre de ônibus carregado de gente. Achei impressionante que o motorista estava dormindo. Depois pensei que ele estava com sono, foi por isso…

(3) O estrangulador. Gostaria de saber por que ele faz isso.

(4) Não lembro. Trabalho tanto que não lembro.

(5) Só li quando pegou fogo no asfalto, na firma. Só o incêndio porque fiquei impressionada.

(6) Um menino, uma criancinha, que morreu afogado numa lagoa: me emocionou bastante mesmo.

(7) Só o estrangulador. A gente fica tomando precaução, procurando evitar um encontro desses.

(8) Foi a Transamazônica. Achei bem bacana.

(9) Esse caso dessa mulher que teve um filho jacaré. Não deu tempo de ler direito a narração; só dei uma olhadinha.

(10) Não sei, acho que o estrangulador. Outro caso que me impressionou mais foi uma mulher em Goiás que teve um filho muito deformado.

(11) Tinha uma de uma velha que tinha uma pensão e a polícia foi lá. Era lugar de crimes (policial). Esqueci.

(12) Li que assaltaram um bar onde eu morava, nós conhecia o dono, por isso me interessou. Gostei mais da reportagem do Dr. Zerbini.

(13) Um homem que matou a amante e depois se matou também. E ela não tinha culpa!

(14) Me impressionei com a história de um homem que matou a mulher que traía ele.

(15) [Não respondeu].

(16) Não lembro.

(17) A gente fica emocionada quando lê que o homem chegou à Lua.

(18) Olha, esses crimes que a gente vê todo dia, não estou bem lembrada.

(19) Só li uma vez na vida, meu namorado trouxe um jornal que era da minha terra. Aí eu li, depois nunca mais.

(20) [Não respondeu].

(21) Foi quando o Roberto Carlos ganhou o Festival de Cinema. Guardei o recorte.

(22) A notícia da menina raptada e assassinada. Chorei quando li.

(23) Sobre o estrangulador.

(24) Pode deixar essa sem responder?

(25) Da moça que gostou do estrangulador, saiu com ele e ele matou ela depois. Pensava de ser o amor dela... e não foi.

(26) [Não respondeu].

3 Leituras de operárias

(27) Eu nunca li.

(28) Li esta semana do estrangulador que pegou a menina e matou.

(29) Não lembro nada.

(30) Li faz uns 15 dias uma mulher que ganhou uma criança e vendeu por 100 contos. É muito chocante uma mãe vender o filho!

(31) A morte da menina roubada. Foi um homem que roubou ela.

(32) Não.

(33) Foi em "Notícias Populares" a reportagem do criminoso Saponga: O Esquadrão da Morte matou o Saponga. Acho que não deveria matar, li a vida dele e sou contra isso.

(34) Não sei, nada me impressionou.

(35) [Não respondeu].

(36) [Não respondeu].

(37) Acho que não pode haver pior que o estrangulador.

(38) Não lembro.

(39) Não lembro, não tenho na cabeça, a gente não guarda, né? Não firmo na cabeça.

(40) Que eu me lembre assim… não lembro mesmo.

(41) O que mais me impressionou foi o estrangulador que li no jornal.

(42) Não lembro.

(43) Era a história de Gislene, aquela menina que morreu dentro do poço num quintal vazio. Houve boatos que três mulheres jogaram ela.

(44) Houve há uns tempos atrás, lá onde eu moro, lá é um lugar meio esquisito. Uma moça saiu de um baile lá *pr'uma* hora e foi atacada por dois sujeitos. Precisou até ir *pro* pronto-socorro.

(45) Não lembro porque só peguei o jornal em 1965 (lá onde eu trabalhava o chefe comprava). Depois nunca mais peguei um jornal.

(46) Nada que eu li me impressionou em jornal. Não vejo novidade. Deixa eu pensar mais um pouquinho, quem sabe alembro. Fiquei admirada de um, agora lembro. O presidente assinou uma lei que se a mulher matar o marido por legítima defesa tem o direito aos fundos de garantia dele.

(47) Não leio, não!

(48) Acho que não lembro não! Olha, eu li outro dia uma coisa que me impressionou muito, achei horrível. Foi na cidade de Bauru. Um débil mental escondeu uma menina por três dias e depois ele enforcou ela. Depois de alguns dias uma mulher achou a menina caída no banheiro. Fiquei impressionada!

(49) Aquela vez que uma mulher pôs fogo numa criancinha. Aquela outra que bateu tanto na menina que precisou cortar a mão da menina.

(50) Olha, eu não sei nenhuma não.

(51) Foi a semana passada sobre um rapaz travesti: que ele se trajava de moça e se passava por mulher. Achei tão interessante! Nunca tinha ouvido falar disso.

(52) Eu vi faz uns três meses a moça de Quitaúna que vinha do trabalho e o estrangulador que pegou ela.

Os relatos de leituras de livros

Conte do que tratava um livro que leu ultimamente e que lhe causou emoção

(1) Não leio, não imagino, trabalho muito.

(2) Preciso aprender coisas, mas do meu agrado mesmo é poesia. Faz muito tempo; precisava ler de novo. Minhas colegas me dão poesia. No serviço elas sabem que gosto muito e então me dão de presente J. G. de Araújo Jorge, Castro Alves em 3 volumes e outros que não me lembro.

(3) Recordo só os livros de estudo do primário; A Bíblia é o livro que leio às vezes e gosto: O Velho e o Novo Testamento. Gosto também dos livros infantis: ganhei dos professores porque era adiantada. Guardo, li quando era criança. Agora só vou ler para meu filho.

3 Leituras de operárias

(4) Li um livro de sonhos, não gostei. O de sexo, também li. Não gostei dele. Achei impressionante, não li mais. Minha mãe tem 15 filhos, ela sofreu bastante. Não gosto mesmo: as coisas são impressionantes. Sou nervosa, preocupada. Tenho em casa uma responsabilidade tremenda. Sou a que mais ganho, todos esperam de mim. O livro de receitas de cozinhas, sim. Adoro cozinhar. Cozinho até mais ou menos, não cozinho mal. É esse o assunto que mais gosto. Se eu compro outro livro, não leio. É como o remédio. A gente toma só os primeiros dias, depois deixa.

(5) O de Poesia de Castro Alves, achei bonito.

(6) Olha, eu li uma história, "Suprema Renúncia", que sempre lembro. Foi uma *revista*, o que mais gostei até hoje. Uma moça pobre, no tempo de guerra gostou de um moço. Para salvá-lo se entregou a outro de quem teve um filho. Ele morreu, o pai da criança. Ela sofreu bastante, mas acabou com o mocinho. Acho difícil lembrar de livro, não sei, não prestei muita atenção, mas todos tratavam de amor. Tenho vergonha, mas não li.

(7) O que mais me causou emoção foi *A vingança do judeu*. Raul dirigia a bala *pra* Marta que roubou a criança e acertou no filho de Samuel. Li por causa da novela *Somos todos irmãos*, mas não assisti a novela, só li o romance.

(8) Eu gostei muito do lugar que eles acha tesouro, pedra preciosa, achei bacana mesmo. Aqueles livros da 2ª série que explica tudo, onde dá coco, o feijão.

(9) O da Adelaide (*Eu e o governador*). Ela era pobre, doente dos pulmões, sei lá… era mais a vida dela que outra coisa. Ela deve ser muito triste, muito sentida. Aconteceu tanta coisa! Depois foi morar uns tempos com o governador.

(10) Não guardo.

(11) Não lembro, acho que a vida de Jesus.

(12) A *Seleta Escolar* do 3º ano.

(13) A história tem que ser de amor: o moço e a moça com sinceridade acabam se encontrando. Que não seja escandaloso, que a leitura conforte. Quando os dois são fiéis, lutam, lutam e acabam se encontrando. A gente apreende muita coisa *pra* vida. Gostei da *Casa dos rouxinóis*: a madame dona do castelo, duquesa, criava uma sobrinha pobre, enjeitada, sem dote. O filho da duquesa gostou dela. O filho da duquesa não quis casar com a prima rica, casou com a pobre, foi deserdado da mãe, foi justiceiro. A mocinha pobre sofreu muito e afinal triunfou.

(14) Não lembro: história sobre astronautas, aventuras, mulher pelo meio.

(15) Não li, não lembro nenhum.

(16) Um livro de histórias, de uma menina, essas pessoas antigas. Um negócio de castelo, de conde. Ela tinha uma pombinha, ela gostava muito da pombinha. Foi uma colega dela visitar. Ela não tinha o que oferecer, então deu a pombinha *pra* mocinha. Ela chorou bastante porque foi a coisa que ela mais gostava; mas esta pombinha era mensageira e voltou.

Quando foi um dia a amiga avistou uma coisa no bico da pomba, era que os ladrões iam chegar no castelo. A pombinha avisou: a menina e a mãe se salvaram e ela ficou vivendo com a mãe no castelo.

(17) Gostei realmente do *Poder do pensamento positivo*. Não é história, é coisa verdadeira. Se a gente seguir muda de vida, fica mais otimista.

(18) Não estou lembrada.

(19) Eu li a Lenda Guarani naquele livro. Ela era uma moça muito triste que vivia sempre à beira do riacho. Ela tinha o desejo de querer se encantar. Uma tarde houve uma grande tempestade, ela se encantou em um coqueiro.

(20) Sabe que nunca li um livro?!

(21) Foi o *Poliana*. Parece que a história modifica a gente. É uma menina órfã, feinha, criada por uma tia muito ruim.

Ela conquistou o coração de todo mundo, até os mais duros.

Ela era levada, todo mundo gostava dela.

(22) Lembro de uma criança que saiu *pra* buscar lenha *pra* mãe e se perdeu na floresta. Muito tempo depois ele casou e a mãe dele

3 Leituras de operárias 115

foi morar com ele como empregada, ele não conhecia ela. Mas ela tinha fotografia dele dentro do oco de uma árvore.

Quando os lenhadores foram cortar, a mãe falou da fotografia que estava na árvore, ele então reconheceu a mãe.

É uma história muito bacana.

(23) Poesia. É poesia o que estou lembrando, só.

(24) Fiquei emocionada com a Magali, quando ela estava com a mãe e elas viajando de trem. Quando acordou a mãe tinha morrido.

Foi entregue com o irmãozinho para uma senhora que estava com eles no trem.

Esta senhora trabalhava num castelo. A Magali sofreu bastante e depois de tanto sofrimento casou com o príncipe.

Encontrou o pai que era rico, primo de uma princesa.

Depois de tanto sofrimento, né?!

(25) Eu lembro de um que li à noite, depois de estudo, fiquei até três horas lendo e até chorei. Queria tanto lembrar o nome! Era uma menina que gostava de um rapaz. Era lindo! Eles acabaram juntos.

(26) Só sei que era história de amor, sou esquecida, não posso lembrar.

(27) Eu nunca li.

(28) Nunca li um livro inteiro.

(29) Não sei explicar: achei interessante o que li sobre sexo.

Prefiro livro que ensina.

(30) Foi a história da Cinderela.

(31) Prefiro um livro que ensina alguma coisa: nesse livro *Namoro e casamento* tem uns exemplo bacana, mas não lembro.

(32) Não lembro, não leio não.

(33) *Corações em guerra*; um moço na guerra achou um inimigo ferido num bombardeio e salvou, cuidou dele. Ele morreu, não resistiu. Uma enfermeira casou com seu irmão gêmeo, foi presa pe-

los japoneses, depois pelos nazistas. O marido ficou neurótico de guerra. Depois acabou a guerra, eles se encontraram.

(34) *Éramos seis*; era uma família, quatro filhos, o pai e a mãe. O pai morreu, o mais novo deu para ladrão, a mãe ficava desesperada. Era uma história triste. Era uma história que aconteceu mesmo, uma história comum, por isso gostei.

(35) Não sei. Não leio porque trabalho aqui, em casa.

(36) Não, não conheço livros.

(37) *Tânia*; é muito bacana. Tinha dois primos, foram criados juntos com uma mocinha. Se formaram e surgiu uma disputa entre os dois, que gostavam da mesma menina. Não lembro bem o final. Um se suicidou, não lembro bem, o outro se casou com ela, acho.

(38) Não lembro.

(39) Não lembro, mesmo, não dá para lembrar.

(40) Não leio.

(41) Não lembro.

(42) A gente gosta de tudo, não sabe nem escolher no meio. Preciso pensar. A gente lembrar assim...?!

(43) Não lembro.

(44) Não lembro não.

(45) Nunca li nenhum!

(46) Bem, eu li um livro sobre *Os futuros nenês*. Era sobre mulheres gestantes. É um livro muito exemplar.

Como uma futura mamãe deve agir, se alimentar.

(47) Não sei não. Já te ensinei que dificilmente pego um *pra* ver!

(48) Gostei mais de ter lido histórias de amor. De gente esquecida eu sou a primeira. Não guardo nada na cabeça.

(49) Agora, sim! Gostei do morto-vivo: o homem *tava* doente, mas não morria. A esposa dele gostava do médico e queria que ele sofresse, mas ficasse vivo *pra* ver o que acontecia porque ele era ruim para ela.

3 Leituras de operárias

O médico deu uma injeção *pra* ele ver antes do enterro o que estava acontecendo: ela junto com outro. Mas o efeito da injeção acabou antes do enterro e ele mata a mulher e o médico. Ele sara, depois que passa o efeito da injeção.

(50) A história da vida de um moleque peralta que faz muita traquinagem, sonha muito. Faz tanto tempo que eu li! O sonho predileto dele é ser poeta. É só o que lembro.

(51) O que me emocionou foi um livro que li... deixa eu ver... Sobre um casal, eles eram muito colegas, gostavam de bailes e eles ficaram gostando, ele dela e ela dele. Como eram muito colegas ela não acreditou. O irmão dela não gostava do rapaz. No fim o rapaz estudou para médico, se formou. Ela fez curso de enfermagem e muitos anos depois se encontraram num hospital. Então o irmão dela concordou com o casamento.

(52) Eu li a história de Jesus, né? É a que gostei mais: desde o nascimento de Jesus até que Ele começou a andar pelo mundo.

2. Como interpretar esses depoimentos?

Leituras de revistas

A maior parte das leitoras operárias leem revistas: elas são o veículo impresso mais atraente para esse grupo de jovens. As que não são leitoras gostariam de sê-lo e declaram com grande pena sua impossibilidade:

> – Não posso comprar mesmo! Só quando me emprestam uma vez ou outra.
>
> – Não tenho tempo: dediquei a vida a meus irmãos, fiquei no lugar de mamãe.
>
> – Muito trabalho em casa, na fábrica. Cuido dos irmãos, do almoço, da roupa, de tudo. Trabalho em dois horários, das 7 às 4h ou das 1 às 10h. Pouca hora sobra, né?

Os motivos gerais da não leitura são: excesso de trabalho, falta de tempo, cansaço e vista doente.

Mas é difícil não ler revistas: mais baratas do que os livros, de fácil aquisição e consumíveis sem fadiga, elas circulam de mão em mão. De matéria de nível homogêneo, e voltadas para a evasão, não perdem nunca sua atualidade, uma vez que não se preocupam com os acontecimentos datados. Escavam a matéria do sonho romanesco, filão imutável, usando os mesmos temas do folhetim e do romance romântico. Uma velha revista que a colega empresta vai despertar o mesmo encanto e a mesma descoberta que a do último mês – se bem que essa ofereça o atrativo da novidade, roupagem ilusória que veste o mesmo e sempre o mesmo.

Quanto às leituras de fim de semana, o que nos chama a atenção é a baixa frequência desse hábito que se verifica também para o jornal e para o livro. Parece ser a causa o fato de o domingo ser o dia dedicado à família, aos amigos, ao namoro, bem como aos afazeres domésticos atrasados:

> – O dia que menos leio é domingo. Converso com mamãe, ajudo em casa, não sobra tempo.
>
> – Mamãe está doente, tenho que ajudar em casa.
>
> – Só tenho folga domingo e trabalho para minha mãe.

Olhando a Tabela 5 (no Apêndice desta obra) vemos que as revistas sentimentais – como a preferida, *Capricho*, que circula emprestada de colega para colega – oferecem uma distração convidativa para os momentos de folga. A leitura fácil e breve dos leitores prende o interesse e cria o suspense sem exigir maiores esforços.

Notamos, observando o trabalho da operária, que o tipo de tarefa por ela desempenhada exige sobretudo vigilância, contínua atenção aos sinais que a máquina emite. É a *atenção expectante* que guia sua conduta[31].

Depois de oito horas de trabalho em cadência que não esmorece, natural é que se procure na leitura um afrouxamento dessa conduta de vigilância.

As últimas leituras se distribuem entre histórias românticas (*Capricho, Grande Hotel, Sétimo Céu, Ilusão...*), histórias em quadrinhos infantis (*Mickey, Pato Donald, Riquinho...*), deixando na sombra os outros gêneros.

À medida que a pergunta exige uma resposta de maior engajamento por parte do sujeito (revistas lidas habitualmente, revistas compradas), começam a aparecer, ao lado das que oferecem mera distração, aquelas que ministram conhecimento e noções práticas, como *Pais e Filhos, Conhecer, Bom Apetite*. Apenas 12% das entrevistadas leem habitualmente uma certa revista; 69% se revelam

---

31. Uma comunicação de Robert Caussin (1958) para a International Conference on Economic and Social Aspects of Automation, que descreve as qualificações humanas exigidas por esse trabalho, fala justamente da "atenção expectante". De fato, ela se expressa em movimentos rápidos e precisos, ritmados de maneira constante que não deve decrescer, pois a engrenagem não espera. Esta emite seus sinais que os operadores humanos descodificam, aos quais atribuem significado e respondem com sinais de seu trabalho e a solidariedade dos seus gestos. O consumidor não operário aceita com naturalidade ingênua os "milagres" da técnica e terá perdido a capacidade de se admirar em frente ao produto. A observação do trabalho operário na linha nos restitui essa admiração. Muito mais impressionante do que a complexidade dos mecanismos, a acuidade, a destreza e a harmonia do movimento coletivo conferem dignidade ao produto. O objeto é fabricado à custa do despojamento de várias de suas faculdades, por força da especialização. O trabalhador recebe um fluxo de informações articuladas numa linguagem rígida, o sistema de operações materiais da máquina. Deve selecionar, interpretar e responder continuamente numa cadeia prescrita de reações. Confere a essa linguagem de sintaxe travada uma semântica que atribui significado às suas operações. A descontinuidade e a disparidade desse diálogo com a máquina, tão lesiva para o córtex, recebe o nome de alienação – na qual também podemos pensar em termos semiológicos. Assim fez Pierre Naville (1965).

leitoras saltuárias. Os motivos dessa leitura saltuária, e que respondem à pergunta "Por que você lê essas revistas só de vez em quando?", são, em sua maior parte, ligados ao trabalho, à falta de tempo, de meios e ao cansaço:

– A gente trabalha aqui e em casa.
– Quando estou com dinheiro, eu compro.
– As revistas são caras: o dinheiro que vou comprar revista, compro outra coisa de mais necessidade.
– Acho caro, não posso acompanhar nenhuma.
– Quando o dinheiro dá para comprar revista, um livro bom, eu compro.

Quanto às revistas compradas, vemos que as femininas sentimentais predominam. Porém, também se compram revistas "onde se aprende alguma coisa", de religião, de educação, de cozinha, de bordado e de crochê, de relação entre sexos.

Conhecendo esse quadro, que nos situa as leituras mais prezadas, podemos chegar aos interesses ligados ao conteúdo. As respostas à pergunta "Quando você pega uma revista, o que procura ler em primeiro lugar?" definem uma esfera de interesses imediatos que movem a leitora. Todos nós procuramos nessas florestas de notícias a clareira daqueles focos que nos chamam invariavelmente a atenção. Esses, que nos fazem procurar na revista ou no jornal tal e tal assunto, não são, em geral, nossos interesses primordiais. São, antes, contingentes às pressões do momento e à curiosidade ligada a eventos atuais.

Apesar das diferenças entre a Tabela 6 e a Tabela 7 (no Apêndice desta obra), verificamos que, no nível das percentagens altas, encontramos os mesmos assuntos, *horóscopo* e *fotonovelas*, apresentando, contudo, a Tabela 7 um quadro bem mais flexível e variado de preferências.

Conviria, nesse ponto, proceder à resenha dos tópicos habituais das revistas preferidas pelo nosso grupo. As rotulações ganharão sentido e vida quando ouvirmos os conteúdos narrados pela própria voz da leitora.

O *horóscopo*, que está em primeiro lugar entre os interesses imediatos, e em segundo lugar entre os assuntos preferidos, não pode
ser considerado literatura de evasão. Bem ao contrário, ele não quer
parecer ficção, mas uma orientação para a vida diária, do como agir
neste ou noutro problema cotidiano[32]. A leitora procura nele um
guia para a ação que se compõe de uma série de conselhos práticos:
"Aquário, faça uma cura desintoxicante. Não dê atenção a comentários maldosos. Você estabilizará suas finanças antes de dezembro.
Não há razão para duvidar das boas intenções da pessoa amada".

Num mundo de incertezas e perigos, o horóscopo, sistema-
tizador do acaso, diminui a margem do desconhecido e propicia
alguma segurança ao leitor. Leitor que ele diferencia e personaliza
arrancando do neutro anonimato: o arrojo do Leão; a teimosia do
Capricórnio; o humor difícil e a genialidade do Sagitário; a equani-
midade da Libra; a capacidade de abstração de Virgem; o magnetis-
mo e o poder autodestrutivo de Escorpião; a nostalgia do passado e
a abnegação de Câncer...

Nesses espelhos imemoriais o homem da era tecnológica ainda
reconhece sua face: "Conhece-te a ti mesmo!"

Além disso, diminui a faixa de responsabilidade da pessoa pe-
rante seu destino, aumentando a da fatalidade e da predeterminação.

Toda revista procura apresentar, além do horóscopo, artigos
sobre astrologia. Só os têm evitado revistas femininas religiosas ou
militantes de esquerda, porque não podem ceder o lugar da graça
de Deus e da luta de classes às influências planetárias.

Em *Social theory and social structure*, Robert K. Merton (1949)
nos daria uma explicação mais adequada e abrangente dessa tendência para atribuir a forças mais altas e cegas os sucessos e in-
sucessos. Nossos sistemas de valores culturais exaltam de maneira

---

32. O horóscopo é uma descrição realista. Não é uma abertura para o sonho, é antes um
espelho, pura instituição da realidade (Barthes, 1957). Feito para pequenos assalariados, seus
astros nunca se desviam da órbita do salário mensal, nunca transformam uma vida. Só dizem
do cansaço e enervamento no trabalho, pequenas promoções, quedas no elã vital recuperá-
veis por medicamentos.
Os astros respeitam o horário comercial, os preconceitos do lar pequeno-burguês. Os seus
desígnios, como a má literatura, são maquinais, estereotipados, nomeiam o já vivido. Estreito
realismo que se fecha a toda a fantasia e à desmitificação.

contínua e obsedante o prestígio, as oportunidades de acesso a uma vida mais confortável, como se isso fosse possível *para todos*.

Os mesmos símbolos de sucesso, a propaganda os utiliza sem discriminar classe, raça, idade, nível de talento do receptor. O êxito ("Hei de vencer") é meta que transcende as barreiras de classe e deve ser a aspiração comum a todos os seres. A competição para obtê-lo não é um estado patológico pela ansiedade e angústia que difunde, mas é mola do progresso, quase uma instituição social.

Se a propaganda cria uma aspiração comum, uma linguagem universal do sucesso, como explicar a pobreza e o infortúnio? Como explicar o fracasso, senão pelo recurso às falhas do indivíduo em seu relacionamento com o meio (função da psicologia), ou por meio da crença em forças cegas e superiores que transcendem a sua responsabilidade (função da superstição)?

A comunicação de massa espalha indiscriminadamente os símbolos de uma vida mais rica e mais feliz para uma sociedade em que o mérito está dissociado da recompensa social. A consciência aguda dessa discrepância pode criar o comportamento divergente--rebelde. "Mas outros – e, ao que parece, a grande maioria – podem atribuir suas dificuldades a razões mais místicas e menos sociológicas" (Merton, 1949, p. 147).

Quando a fortuna dos homens parece não ter relação com seu trabalho, eis o solo mais fértil para o comportamento supersticioso e a isenção da responsabilidade. Crescem as referências aos mecanismos dos astros e da sorte.

> De forma muito semelhante, o trabalhador muitas vezes explica o *status* econômico em termos de "sorte": o trabalhador vê em torno de si homens experientes e habilidosos sem trabalho. Se ele está empregado, sente-se homem de sorte. Se está desempregado, é vítima da má fortuna. Ele vê pouca relação entre o valor e as consequências (Merton, 1949, p. 148).

* * *

Os *conselhos sobre beleza e saúde*, bem como sobre *prendas domésticas*, tão estimados pelas nossas leitoras, estão menos presentes nas revistas lidas pelas operárias do que costumam estar nas revistas destinadas às classes mais abastadas. Naquelas não se encontra os costumes exóticos, a aparência de luxo e requinte que compõem o âmago destas últimas. Nas escolhidas pelo nosso grupo temos alguns conselhos práticos e simples sobre beleza e saúde, de caráter imediato e fácil de executar. As moças das fotografias são graciosas como a própria operária sem nenhum "charme" fora do comum. Não mostram encantos raros e difíceis como os sofisticados modelos das revistas elegantes. Isso cria menos tensão na leitora sem ócio que não se sente obsedada, como a mulher de classe média e rica, em estar elegante e sorridente de manhã à noite; cozinhar belos pratos; educar os filhos sem complexos; ser dinâmica e eficiente no trabalho, tendo uma aura de suavidade e de romance; ser desinibida sexualmente, discutir filmes, peças e livros do momento; montar um lar decorado com bom gosto e... irradiar otimismo, juventude e modernidade.

As entrevistas mostram uma viva inclinação por prendas domésticas e as coleções de *Bom Apetite* são encadernadas e enfeitam a sala da família:

– Sou operária, mas minha casa é toda arranjadinha, com flores.

Note-se a restrição na frase.

As revistas lidas mostram sempre um lar que, embora não luxuoso, é de nível bem mais alto do que o das moças que entrevistamos.

As partes postas em evidência são a culinária e a das reformas, não de ambientes, mas de objetos, menos dispendiosas.

* * *

Daríamos relevo ao fato de que nem todos os temas escolhidos se encontram comumente em revistas. Há gostos arraigados da classe pobre que ainda se norteiam pelo contato primário da família e dos vizinhos. Hoggart, de seu passado em bairros operários, observou: "O mundo de fora é distante: a família e os vizinhos são o real e o reconhecível, o que se leva em consideração".

As moças ocasionalmente pedem conselhos às avós; há hábitos e atitudes muito resistentes à mudança. Inutilmente a imprensa ventila novas posições em certos comportamentos.

Quando escutamos as conversas de mulheres na feira, no açougue, na sala de espera de uma clínica de bairro, compreendemos melhor esses núcleos de resistência da cultura popular:

> Criança troca o dia pela noite.
> A fome é o melhor tempero.
> O noivo não deve ver a noiva antes do casamento.
> Quem elogia o bebê deve dizer: "Deus te crie", para não lançar mau-olhado.
> A gente deve bater na madeira para que um projeto não desande.

Essas frases foram proferidas nos mesmos lugares, em 1920, e essas normas, mais antigas do que a comunicação de massa, ainda não são infringidas, em virtude da forte trama de relações de vida e de trabalho.

O interesse pela religião está presente com frequência nas respostas, embora seja um tema não explorado pelas revistas femininas talvez por medo à controvérsia. Religião e política: eis dois assuntos polêmicos de que elas fogem.

A despolitização tem origem no desejo de agradar o maior número possível de leitores. Como a religião, a política é algo que divide.

A propaganda centrada no conforto se baseia num sólido individualismo acumulativo. Novos objetos surgem continuamente e se tornam obrigatórios para o conforto. A propaganda exerce o culto do lar, mas em seu aspecto material, avesso naturalmente a qualquer ascetismo e despojamento. A alegria e a comodidade advêm da presença desses inumeráveis objetos. A consumidora segue a direção oposta à de uma concepção global e comunitária da existência[33].

_____

33. A líder operária Louise Blanquart comenta num debate sobre a imprensa feminina: "Quando recentemente os sindicatos e diversas organizações familiares ou sociais promoveram assembleias nacionais em prol da redução do tempo de trabalho das mulheres, sem redução de salários, nenhum jornal feminino comercial fez menção do fato" (Blanquart, 1965, p. 45).

O retrato de uma menina ferida pela guerra, na revista *Elle*, provocou centenas de cartas de leitoras indignadas com a revista, não com a guerra.

Às vezes, a redação guarda um cantinho para realizar o sonho de uma avó que quer uma máquina de costura[34], de uma criança paralítica que pede uma cadeira de rodas, mas para nenhum caso como esses sugere um projeto econômico, uma aplicação do poder social.

> – A *Cláudia* realizou o sonho de um menino que sofria do coração. Levaram *pro* Roberto Carlos que o menino queria ver antes de morrer. Mas a *Cláudia* operou o menino e também levou ele para ver o Roberto Carlos!

* * *

Nos *conselhos sobre problemas sentimentais* englobamos o "Correio do Coração" e também as confissões, ou histórias verdadeiras, que são nada mais do que longas cartas de leitoras respondidas e comentadas em artigos que, depois da fotonovela, ocupam o segundo lugar em espaço.

As confissões são anônimas e redigidas na primeira pessoa do singular; refiro-me àquelas cartas longas chamadas *Histórias verdadeiras*. São escritas pela equipe de redatores, em geral, a partir das cartas de leitoras sobre o mesmo tema, ou sobre qualquer outro considerado digno de atenção. Os títulos são assim:

Errei! Por favor, me ajudem!

O que faço da minha vida?

Essas confissões chamam a fácil identificação pelos detalhes concretos da narração e pela situação descrita em tom simples, popular, para encarecer a impressão do verídico:

> – Talvez eu não devesse escrever, mas preciso desabafar antes que enlouqueça de desespero. Tenho 16 anos e me sinto uma velha. Tudo isso porque resolvi ser *pra* frente como via muitas amigas fazerem.

---

34. Só nessas circunstâncias, como elemento pitoresco ou que desperta piedade, é que aparecem os velhos nas revistas de entretenimento. Elas cultivam o mito da juventude obrigatória.

As respostas lisonjeiam a consulente mostrando que ela jamais é culpada e que será feliz num futuro próximo. O *Correio do coração* é uma tentativa de personalizar a relação revista-leitora. As cartas são íntimas e a resposta, individual. Protegida pelo anonimato, a leitora se confessa livremente e tem o prazer de ver seus ídolos preocuparem-se com ela pessoalmente. De ver palavras suas em letra de forma, de aparecer lado a lado com as heroínas de fotonovelas, nas mesmas páginas. No entanto, criaturas sem outra esperança podem escrever cartas tocantes e sinceras. Creio ser essa a parte mais importante da revista: centenas de pessoas desenraizadas e ansiosas expõem as feridas da condição feminina e da sociedade. São cartas que têm um alto valor de documento psicológico e sociológico. Definem bem o público e são testemunhas de diferentes problemas que, agrupados, nos dão a ideia das dificuldades da moça pobre em nossos dias.

Rompendo com a visão da propaganda e com as estruturas consoladoras dos romances e fotonovelas, as cartas expõem a nu os preconceitos que cerceiam o seu mundo.

Os temas mais frequentes nas cartas são:

1) Adolescentes desajeitadas e solitárias que pedem estímulo;
2) Jovens que se dizem escravizadas por uma família tirânica;
3) Jovens que foram "desonradas" e querem começar nova vida;
4) Mães solteiras que pedem ajuda;
5) Jovens que querem resolver um dilema sentimental ("que pretendente escolher?", "há outra mulher em sua vida?");
6) Esposas na iminência da separação, que pedem conselho;
7) Queixas da rotina doméstica e da solidão na idade madura;
8) Velhos que deploram o abandono e a falta de afeto.

O tom confidencial e surpreendentemente afetuoso das respostas faz a destinatária esquecer que essas palavras serão partilhadas por um grande público.

As leitoras, em geral, recebem estímulo para confiar em si mesmas, para se respeitarem de novo, para trabalhar e estudar. As mães solteiras são encaminhadas para instituições religiosas ou oficiais. As narcisistas são tratadas com ironia e humor:

> Do jeito como você está querendo, minha amiga, nenhum Romeu vai cantar na sua janela. É muito justo que queira se completar como mulher, mas precisa, antes de mais nada, de um trabalho onde você ganhe seu próprio sustento, onde aprenda o valor das coisas e descubra também o seu valor e o dos outros (Resposta à carta "Julieta sem Romeu").

Quando o conselheiro sentimental topa com um problema difícil, encaminha-o para um padre, ou para um médico, ou para um advogado. Na opinião insuspeita de Évelyne Sullerot (1966), essas conselheiras são verdadeiras reeducadoras da afetividade e seu conselho "refresca como o vento um quarto há muito confinado cheio de medo e vergonha". A autora encontra nas respostas forte dose de otimismo e bom senso.

* * *

Sobre a *correspondência amorosa* (entre leitores) não recaiu nenhuma escolha: a operária não teria ócio para correspondência? Mas o fato é que essa correspondência vem sendo substituída pelos artigos "psicológicos" que falam de modo mais genérico sobre temperamentos que se "combinariam" melhor no casamento. Não sendo individualizados, atingem maior número de leitores.

Os conselhos psicológicos são completados, em *Capricho*, pelo Professor Zohar, que analisa as linhas da mão que a consulente lhe envia impressas numa folha de papel.

Aliás, psicologia e ocultismo se completam às maravilhas: "Você, Sagitário, deve vencer os seus complexos!"

Uma carta-tipo pode ser exemplar para milhares de consulentes:

> – Quero um cara bacana, não precisa ser bonito, bacana, entende? Deve ter o charme de Simonal, a inteligência de Freud, o aroma da liberdade […]. Quero-o esportivo, lúcido e inserido no contexto. Não precisa ser galã, mas se tiver um Dodge Dart e não for convencido, está bom. E que não venha encontrar-se comigo de gravata e guarda-chuva.

A consulente é aconselhada:

> Deve ler as obras de Balzac e Jorge Amado, as revistas *Veja*, *Realidade*, *O Pasquim*. Aperfeiçoe o inglês. Passe um fim de semana em Ubatuba ou Ilhabela e mostre-se interessada em caça submarina. Faça um curso sobre computadores. [...] Faça leituras sobre Psicologia Industrial. Se der certo, conte *pra* gente, tá?

Essa vulgaridade nos desgosta sempre, mas lembremos que a linguagem foi copiada de revistas mais esnobes. A carta, um tanto insólita, propõe um modelo de modernidade e irrompe, com seu estilo displicente, para despertar aspirações de um *status* econômico mais alto no mundo classe C de nossas devotadas leitoras. O horizonte das fotonovelas que alimenta os seus sonhos é traçado com lágrimas e orfandade, com espectros e "paixões que vencem a própria morte".

As personagens falam, em linguagem nobre, de pecado e redenção; é um mundo sombrio que desconhece o tom vulgar e epicurista das revistas burguesas. Essas não exploram o folhetim, mas a libido aquisitiva da leitora.

Entre a operária e a heroína de suas revistas há um abismo. Entre a leitora de *Cláudia* e sua revista não há: ela pode consumir e se vestir como *Cláudia*. Uma vida fascinante não é uma impossibilidade, ainda mais quando o fascínio advém do mercado. São revistas que trazem sempre o endereço dos produtos. Resolvem as tensões criadas oferecendo a chave da felicidade: comprar.

Nenhuma operária escolheu anúncios de propaganda como assunto preferido de leitura em revistas. O interesse por anúncios de cursos a princípio é surpreendente; deixa de sê-lo quando examinamos o grande espaço que lhes é concedido nas revistas femininas mais populares.

Curioso é o tom com que se dirigem ao leitor, um pequeno leitor oprimido pelo sentimento de inferioridade, perseguido pela timidez:

> Agora é sua vez! Envie-nos o cupom e seja outra pessoa.
> Vamos, não hesite! Uma nova vida se abriu para você.
> Nosso curso abre as portas do sucesso: você pode ingressar em QUALQUER Faculdade, tornando-se Professor, Médico, Advogado, Dentista, Administrador de Empresas...

Relatos de alunos que triunfaram encimam louvores ao referido curso.

Os anúncios são de natureza compensatória e exploram o sentimento de humilhação do leitor:

> Você sofre de hesitação e gagueira? Você está sendo vítima de uma insegurança nervosa de origem SUBCONSCIENTE. Aprenda a dominar as forças ocultas que latejam em sua mente. Você poderá ganhar prestígio, dinheiro, influência social.
>
> Crie uma nova personalidade dominadora seguindo o verdadeiro método de Freud (aqui o desenho de um homem vitorioso e musculoso cuja figura despede reflexos "vitais").

* * *

A imprensa feminina se ocupa largamente com a vida de artistas, princesas, campeões, *playboys*, que constituem o "Olimpo" da cultura de massa e que, por isso, são denominadas por Edgar Morin "personagens olimpianas":

> A informação transforma esses olimpianos em vedetes da atualidade. Ela eleva à dignidade de acontecimentos históricos fatos destituídos de qualquer significação política, como as ligações de Soraya e Margaret, os casamentos ou divórcios de Marilyn Monroe ou de Liz Taylor, os partos de Gina Lollobrigida, Brigitte Bardot, Farah Diba ou Elizabeth da Inglaterra [...]. A imprensa de massa, ao mesmo tempo que investe os olimpianos de um papel mitológico, mergulha em suas vidas privadas a fim de extrair delas a substância humana que permite a identificação [...]. Nesse sentido, as estrelas em sua vida de lazer, de jogo, de espetáculo, de amor, de luxo, e na sua busca incessante de felicidade, simbolizam os tipos ideais da "cultura de massa" (Morin, 1967, p. 113-114).

O processo de vedetismo evita apresentar os ídolos como artistas que trabalham. Todo esforço, disciplina, sacrifício para a consecução de um ideal artístico, todo aspecto de treino, da doação humana, de exercício, é excluído.

Suas biografias escondem os verdadeiros méritos e procuram ressaltar escândalos e aventuras, mostrando seres que estão "acima da moral".

Uma pesquisa exemplar de Leo Löwenthal (1961) sobre biografias de ídolos publicadas entre 1901 e 1914 verificou a preferência cada vez maior pelas "figuras que distraem" em detrimento das que exercem "profissões sérias". Os ídolos da esfera de trabalho são substituídos pouco a pouco pelos ídolos da esfera do lazer, os ídolos do consumo.

> Parecem levar a um mundo de sonho das massas já que não podem, ou não querem considerar as biografias como um meio de orientação e educação. As massas recebem informação não sobre os agentes e os métodos de produção social, mas sobre os agentes e métodos do consumo social e individual (Löwenthal, 1961, p. 116).

Por outro lado, a propaganda dos objetos por eles comprados empresta nova cor à sua situação na qual as relações de vida vão sendo trocadas por relações de compra e venda, de posse dos objetos. Esse fenômeno de reificação está presente nas longas reportagens das revistas de moda e beleza[35].

Nas revistas preferidas por nossas operárias, as páginas sobre os olimpianos apresentam um teor diverso (elas não são, aliás, o forte das preferências: um dos raros ídolos nomeados nas respostas é Roberto Carlos).

Concordamos com Sullerot que o culto das vedetes é uma doença americana que contagiou a imprensa, mas sem a qual pode passar a maioria das leitoras. A revista *Capricho* não se preocupa com elas. *Grande Hotel* publica dois artigos sobre astros em cada número. Nessa eles são apresentados sob um novo ângulo: relatam trechos de sua vida íntima e se mostram muito próximos da leitora por meio de seus gostos comuns ou fraquezas ("Anna Karina tem medo", ou "O rei do charme é um homem solitário").

---

35. Pode-se apontar como exemplo uma vedete como Jacqueline Onassis, cuja vida é um festival de consumo sempre expresso em termos quantitativos (*Cláudia*, dezembro de 1970).

3 Leituras de operárias   131

Os habitantes do nosso Olimpo são os astros populares, e existem revistas como a *Contigo* que cultivam quase que só o vedetismo. Mas esses astros aparecem *mediatizados* por uma conduta humana, para que haja identificação por parte da leitora de classe pobre e média[36].

Tais notícias chamam a simpatia de uma classe voltada, como nenhuma outra, para o que é familiar e concreto: "Se quisermos capturar a essência da vida operária, veremos que ela é densa e concreta. Seu sentido principal é estar no íntimo, no sensorial, no detalhado, no pessoal". Essa atitude advém da natureza de seu trabalho dirigido para a subsistência. "A vida é um presente imediato num grau raramente encontrado em outras classes" (Hoggart, 1957).

Vencer cada dia a escassez e a fome, vencer cada mês as dívidas para roupa e alimento. Um trabalho que é transformação da matéria, um salário com o objetivo imediato de sobrevivência, criam essa necessidade de fazer a vida intensamente humana. Hoggart acredita ser isso verdade para as classes operárias de todo o mundo.

Relatos de leitura de revista: Comentários

Examinando esses relatos, percebemos duas áreas nítidas de interesse: a das notícias informativas sobre a vida pública, que levam ao conhecimento do mundo; e a típica da imprensa feminina, intimista. É nesta última que se localiza a maior parte das respostas.

Temos notícias informativas sobre crianças flageladas do Nordeste, *hippies*, educação, transplante do coração, morte de Kennedy. Mostram, em geral, motivações ligadas à vida e à formação da criança. Em reportagem sobre o Nordeste é lembrado, em primeiro lugar, o sofrimento das crianças; em uma reportagem sobre os *hippies*, a preocupação é a mesma:

---

36. Hoggart observa que, ao lado do esporte, o outro interesse do operário inglês é a rainha. A aristocracia faz parte do folclore da classe operária na Europa, na medida em que se destaca da grande máquina abstrata do poder. A Rainha é uma passagem para o real, para o concreto, e as mulheres operárias acham graça nos detalhes de sua vida caseira: "Elizabeth está zangada com Philip?" ou "A Duquesa de Windsor conta como faz as panquecas para o Duque".

132   Clássicos Brasileiros das Ciências Sociais – Cultura de massa e cultura popular

– Medo que meu filho, que outras crianças fiquem assim. Gostaria que meu filho fosse uma pessoa bem estudada. É o que acho mais lindo.
– Nunca deixo de ler um artigo sobre juventude, criança, para ver o método que vou usar para educar minha filha.

As narrações típicas da imprensa feminina foram: fotonovelas, histórias em quadrinhos infantis, reportagem sobre vida de artista, realização do sonho de uma criança doente, crônica de milagre, carta ao consultório sentimental.

Devemos observar que entre esses últimos relatos o que não é fotonovela é extensão da fotonovela para o mundo real, que assim se envolve com a mesma atmosfera das histórias sentimentais. Veja-se a exploração emocional do menino doente que antes de morrer queria ver Roberto Carlos, fato real, absorvido pelo mundo semirreal dos olimpianos.

* * *

O jornal é especular. Nele reflete-se a fatualidade do cotidiano, ainda que deformada e agigantada pelo sensacionalismo. Nele, a leitora procura conhecer uma realidade vivida e, pelo que se constatou, é atraída e, ao mesmo tempo, traumatizada pelos componentes de violência e de medo.

Se ouvirmos as respostas que resumem histórias que "tocaram seus sentimentos", verificamos os correlatos da mesma condição no plano do imaginário. Do mundo heterogêneo das fotonovelas, as operárias lembram sobretudo de fabulações que envolvem extrema insegurança (física, psicológica, econômica) da protagonista feminina. A inferioridade pode vincular-se a carências físicas, aparecendo em casos extremos a cegueira; pode responder a uma situação familiar desequilibrada (abandono ou perda da criança por parte dos pais), a uma conjuntura perturbada (guerra) ou, mais geralmente, à pobreza.

Tema frequente é a situação econômica contra a qual os heróis lutam. Quando não expressa, está subentendida nos percalços

3 Leituras de operárias   133

e mudanças semelhantes aos que agitam a vida da gente pobre em
sua costumeira mobilidade.

A heroína é órfã, com frequência, e pobre, ou fica órfã e pobre
para se tornar heroína:

> – Olha, eu não sei o nome. Mas li uma história muito ve-
> lha de uma rainha que teve uma filha e deixou na porta da
> igreja. Uma senhora pegou a criança que era cega. A rainha
> casou com outro e depois reconheceu a filha pedindo es-
> mola na rua.

Ao mesmo tempo mendiga, cega e abandonada pela mãe; eis
uma heroína típica de folhetim.

Freiras para quem o amor é impossível, órfãs, cegas (em nossos
relatos aparecem quatro cegas), crianças abandonadas que, depois
de inúmeros sofrimentos, encontram a mãe, são protagonistas de
folhetim. Enganadas por uma rival, ou perseguidas e desonradas
por um vilão (homem de *status* mais alto, em geral), têm, no fim,
sua inocência reconhecida. O vilão parte, mas quase sempre morre,
enfim sai do campo e perde a periculosidade.

Aliás, vilão é aquele que (ou aquela que) perturba ou impede a
formação de um lar, suprema aspiração da heroína. Quando a rival
é moça pobre, que agia desse modo para superar seu estado, pode
também alcançar, no final, um bom casamento:

> – Depois ele vai embora, mas volta. Ela está chorando, ouve
> os passos dele, pergunta quem está aí, era ele. Ele vê que ela
> era cega mesmo. Então eles ficam juntos.
>
> A cigana fica com outro, um homem rico que se disfarçava
> de motorista de caminhão. Mas era rico como o pai dela
> queria que fosse o homem que ia casar com a cigana.

As histórias de narrativa breve com vários desfiados às vezes
não têm fim, param no meio. Essa incoerência é encontrável nas
próprias fotonovelas, nas quais é comum existirem pontos frouxos,
mistérios que não se explicam, intrigas que não se completam.

O ato gratuito, como um casamento absurdo, que nada na trama justifica, acontece, às vezes, apenas para trazer dificuldades aos heróis que prolonguem a narrativa.

Curiosa é também a descodificação automática do vilão, cujas aparências físicas logo o identificam. Essa decifração imediata de situações e personagens (boas e más) que a familiaridade propicia ao leitor mostra bem que a fotonovela, apesar de sempre anunciada como surpreendente, oferece margem quase nula de imprevisibilidade.

O cenário, convencional; o enredo, mecânico; as personagens, estereótipos. A moral, tradicional e maniqueísta. As normas sociais da fotonovela corporificam o que a sociedade possa ter de mais conservador: a perda da virgindade é tratada como uma queda, uma desonra. Não há saída existencial para a vítima senão o casamento que restaura a honra perdida:

> – Ela sofria muito antes, achava que ia ficar desamparada e esperando um filho, mas aí ele veio e casou com ela.

O estado da heroína, freira ou casada, ainda que com o homem mau, separa inexoravelmente os amantes. Como cessam as dificuldades? Nunca pelo esforço, mas pelo matrimônio, pela herança, pela fortuna, pelo reencontro com o ser amado. Ou pela morte e pela separação. Não há mérito, senão a inocência. Os esquemas são simples:

- Uma heroína infeliz e de bons sentimentos;
- Que está em situação muito difícil;
- Entre ela e sua meta surgem obstáculos psicológicos e sociais;
- As dificuldades cessam pela intervenção do destino.

As histórias são significativas na medida em que, entre todas as leituras, foram as que permaneceram gratas na memória. Uma que nos pareceu chamar muito a identificação da leitora, e que representa, de modo comovente, uma certa situação de vida, foi:

> – Eu li uma vez a história de uma menina, sabe? Trabalhava para sustentar a mãe dela. O pai bebia muito, sabe? Depois, faleceu. Sua vida era agitada, amargurada.

3 Leituras de operárias

> Casou aí com um rapaz muito rico que levou também a mãe
> a morar com ela. Chegando à conclusão, tiveram um garo-
> tinho. A mãe chegou a falecer velhinha. Foi assim a história
> que gostei.

Faz parte das estruturas de consolação essa ideia de que a fra-
queza e o desamparo podem sair vitoriosos graças a uma bela intervenção do destino.

Ao contrário dos realizadores de filmes, que deixam, às vezes, as
suas obras terminarem na dúvida, comenta Évelyne Sullerot (1966) que:

> [...] os realizadores de fotorromances se empenham em res-
> taurar um mundo aparentemente sem conclusão e em mol-
> dá-lo para dele extrair morais simples, ideias claras. Exigir a
> ideia clara quando a coisa mesma é ambígua é a forma mais
> insidiosa do romantismo, dizia Merleau-Ponty.

Dividindo-se a sociedade em duas séries estanques, os pobres e
os ricos, não há passagem mediante a aplicação ao trabalho, como se
supõe haver em uma sociedade aberta de classes. Tudo depende de
uma intervenção do acaso. O casamento da moça pobre com o rapaz rico reconcilia o socialmente antagônico e resolve a contradição
econômica. Poder-se-ia pensar numa visão estamental da sociedade:

> – Era uma moça abnegada que encontrou uma senhora
> muito rica que morreu e deixou tudo *pra* ela. Depois ela
> encontrou um rapaz que gostou e casou.

A análise das histórias de revistas reforça a hipótese de Gramsci
(que é também a de Freud), segundo a qual um processo compensatório determina o sentido geral das novelas veiculadas pela cultura de massa.

O que Antonio Gramsci formulou em termos socioeconômi-
cos ("complexo de inferioridade social") é, *mutatis mutandis*, con-
cebido por Freud no nível do psiquismo humano. No breve ensaio
"Poeta e Fantasia" (texto original de 1908), o criador da psicanálise
atribui à imaginação um caráter gratificador:

Vejamos agora alguns caracteres do ato de fantasiar. Pode-se afirmar que o homem feliz jamais fantasia, mas tão somente o insatisfeito. Os instintos insatisfeitos são as forças impulsoras das fantasias, e cada fantasia é uma satisfação de desejos, uma retificação da realidade insatisfatória (Freud, 1948, p. 965-969).

A interpretação freudiana procura abranger sob o mesmo conceito todas as atividades de "desrealização" de que é capaz o espírito humano: arte, mito, contos folclóricos e, acrescentaríamos, as infinitas imagens de vítimas e heróis que povoam a imprensa feminina de nossos dias[37].

Do risco de certa excessiva generalidade a que pode conduzir a hipótese psicanalítica está isenta a abordagem de Gramsci, que se vale, é verdade, de uma categoria psicológica, "complexo de inferioridade", mas logo a relativiza, situando-a no corpo da sociedade. Não é a busca de uma compensação *qualquer* que move e comove a leitora de fotonovela, mas a de um correlato imaginário de sua posição específica no sistema social. Situação em que se interpenetram carências econômicas básicas, graves limitações de cultura, e, via de regra, a impossibilidade de transcender, pelos próprios esforços, o horizonte que sua classe e seu *status* circunscrevem.

A imaginação da leitora é, portanto, mais facilmente solicitada por sequências romanescas que visem *salvar* a personagem feminina (ou, sintomaticamente, infantil) de um mundo adverso em que ela foi arbitrariamente lançada.

A cura milagrosa, a herança inesperada, a compreensão de um adulto excepcionalmente bom, o casamento feliz ou uma reconciliação final aparecem como formas redentoras.

Às vezes, de um conjunto narrativo muito lacunoso extraem-se dados que apenas permitem identificar a protagonista em situação penosa:

---

37. Lendo esses relatos lembramos a leitura que Freud faz da *Gradiva* de Jensen. O espantoso não são as conclusões teóricas, mas sua própria leitura, a capacidade de penetrar o texto, seu relato de leitor que constitui um depoimento sem paralelo. Freud-leitor revela na introspecção todos os leitores; fazendo uma profunda experiência de descodificação revela o próprio ato da leitura.

3 Leituras de operárias

[...] todo aquele pedaço que eu passei a mocinha também passou. Nada deu certo. Comigo também: tudo deu ao contrário. Só disso me lembro.

– O que me emocionou bastante... ela era órfã, gostou de um rapaz e não deu certo. Tem tanto problema na vida dos outros que a gente toma *pra* gente!

Mas, inteiros ou truncados, os relatos têm em comum a projeção de um estado de precariedade ou de dependência que de algum modo é resolvido no nível da ficção.

O que a nossa pesquisa acrescenta a essa caracterização é o paralelismo inverso entre as histórias das revistas e as notícias de jornais escolhidas. As manchetes dos jornais sensacionalistas referem-se a fatos reais, mas apresentados em termos inverossímeis. A fotonovela, ao contrário, procura dar uma aparência de realidade, de verossimilhança às mais insólitas fantasias.

Por outro lado, a mesma oposição real/imaginário é responsável pela maior variedade, que pode parecer dispersão, observada nos conteúdos ficcionais das revistas. A "inferioridade" feminina tem, no jornal, quase que um só correlato factual, o crime; mas encontra no *bric-à-brac* informativo-irreal das revistas matizes diversas cuja unidade, porém, não é difícil descobrir.

Os coloridos emocionais remetem todos a uma faixa negativa que se pode descrever como própria dessa insegurança.

* * *

Não devemos confundir os relatos com o mundo repetitivo da fotonovela. As histórias foram filtradas por uma sensibilidade, por uma escolha pessoal, chegaram até nós matizadas por uma afetividade. A operária contando livro ou fotonovela se expressa em uma linguagem não raro criativa, poética, espontânea:

– Ela tinha o desejo de querer-se encantar. Uma tarde houve uma grande tempestade, ela se encantou em um coqueiro.

De uma gentil simplicidade:

– A moça gostava de um moço e ele não sabia. Ela fez um espantalho de palha e dizia que era ele. E conversavam. Acabou casando com ele.

Gostei muito da história.

A fotonovela sai enriquecida pelos relatos, alguns dramalhões são até mesmo comentados com graça:

– Levou a menina *pro* castelo e ela casou com um moço pobre que fingia que era rico e ele era muito bom. Sempre tem um filósofo infeliz na história...

Não reconhecemos neles o mundo da "iconografia cinzenta e tétrica" descrito por Michèle Mattelart (1970):

Sem tratar de aplicar ao pé da letra as intuições mcluhanianas que se empenham em demonstrar que a mensagem é o meio, diremos que a estrutura tecnológica de uma revista de fotonovelas é um fato ineludível de indução ao torpor. A incidência do princípio do determinismo sensorial jogaria em detrimento das tentativas de promoção. Solicitando demais o receptor em uma dimensão sensorial e psíquica unilinear, a permanência, a fixidez, a repetição sempiterna – disfarçada de irrisória variedade desta iconografia cinzenta e tétrica – não logram senão provocar a narcose e fazer do sujeito-leitor o escravo das solicitações da mensagem.

Para a autora, fotonovela, obscurantista por sua própria construção, não teria esperança como meio de comunicação. No entanto, uma pequena *"enquête"* entre jovens operários, feita por Évelyne Sullerot, concluiu que elas leem mais depressa um fotorromance que um texto impresso sobre a mesma história, e que a memorização dos fatos, ambientes, expressões, diálogos, do fotorromance é muito superior à do texto impresso. É o que descobriram também pesquisadores de Marrocos quando se puseram a fazer fotonovelas para educação do povo.

Não se trata, pois, de um meio sem esperança para os apaixonados da cultura popular. Cremos, como Friedmann, que o mesmo sangue social corre no trabalho e no lazer, e que são as condições de um que geram as condições de outro. Se os meios de massa são um convite à hipnose e não ao pensamento, isso decorre certamente de outros fatores. A imagem não constitui um império autônomo e recluso, um mundo fechado sem comunicação com o que o rodeia (Metz, 1970).

Um sopro renovador poderia alterar contexto, meio, mensagem e exercer em benefício da operária uma pedagogia visual. A fotonovela subverteria sua função obscurantista. O *meio em si* poderia falar a favor do homem.

Leituras de jornais

A maioria das entrevistadas lê jornal.

No entanto, o teor das respostas nos revela uma grande pobreza na leitura, uma convivência mínima com os melhores temas da imprensa.

O desinteresse é a causa primeira da não leitura, seguido pelas causas habituais já verificadas nas revistas: falta de tempo, falta de dinheiro, vista doente:

> – Às vezes meu irmão compra jornal porque está sem serviço e procura achar um. Aí leio.
>
> – Não quero ler notícias e ficar com mais problemas.
>
> – Não me interesso muito por jornal. Só olho assim de longe.
>
> – Nada que eu li me impressionou em jornal.
>
> – Não vejo novidade. (O que exprime uma filosofia semelhante a "nada há de novo debaixo do sol").

Só 15,34% leram jornal na última semana; só 34,6% leram jornal no último mês.

Embora o jornal preferido seja a *Folha de S.Paulo*, o mais lido habitualmente é o da fábrica, gratuitamente distribuído no local de trabalho. O jornalzinho é publicado semanalmente pelo setor de serviço social com destinação evidente ao pessoal da administração e burocracia. A primeira página traz notícias sobre teatro, em geral peças de nível alto. Depois, algumas notícias culturais (arte, vida de escritores), piadas em quadrinhos, palavras cruzadas, conselhos domésticos. Parece ser intuito do jornal realmente elevar o padrão de cultura trazendo na primeira página, por exemplo, a notícia de uma conferência da Associação Brasileira de Estudos Filológicos (esforço louvável, mas que não atinge o trabalhador).

Conforme as entrevistas, a operária se sente atraída pela seção de poesias, de pensamentos e máximas, de conselhos para o lar, e pelos assuntos cujo interesse está demonstrado na Tabela 9 (no Apêndice desta obra).

O jornal da fábrica é muito procurado, sendo frequente a resposta:

> – Não pude ler esta semana porque acabou muito depressa e não sobrou para mim.

Goza de bom conceito entre as moças:

> – Ele não é como os outros. Abre um pouco mais a memória da gente.

É um exemplo vivo de como um jornal de fábrica tem penetração e aceitação podendo ser usado didaticamente com proveito se atentasse mais para as condições do destinatário.

A leitura de jornais é precária. Compare-se a taxa de leitores habituais (17%) com a dos leitores saltuários (50%). Apenas 8% compram jornal para ler: que é, em geral, trazido para casa pelo pai ou pelo irmão.

Não se dispõe de dados sobre a frequência de leitura de jornal entre os trabalhadores. Uma pesquisa feita em uma fábrica de São Paulo pelo sociólogo Leôncio Martins Rodrigues nos revela que, entre os homens, a grande maioria não acompanha o noticiário nacional nem os acontecimentos veiculados através de jornais; só 15% dos entrevistados liam jornais todos os dias. Entre os operários mais qualificados essa proporção sobe para 44%. Diz o autor:

> É possível que o preço dos jornais seja um dos fatores que contribuiu para dificultar sua difusão entre os operários. Para as camadas de remuneração mais baixa, o dispêndio com a aquisição diária de um jornal implica desviar certa soma de dinheiro do orçamento doméstico. Porém não se deve privilegiar excessivamente o fator econômico como elemento explicativo.

Na escolha dos gastos "supérfluos", a soma a ser desembolsada pela compra de jornais cede lugar a outros gastos determinados pelo nível cultural do trabalhador segundo suas preocupações e interesses.

A leitura de jornais, enquanto forma de lazer ou busca de informações, é preterida em favor de outros tipos de recreação e comunicação [...]. Mas, por outro lado, a leitura de jornais não é uma simples forma de recreação. Ela revela, de algum modo, o interesse pelos fatos da vida nacional e é, nesse sentido, índice de participação do modo de vida urbano-industrial. Desse ponto de vista, como outros dados virão confirmar, já nos revela o alheamento da maioria dos trabalhadores pelos acontecimentos da política brasileira (Rodrigues, 1970, p. 14-15).

Levantamentos efetuados por entidades de pesquisa de mercado nos dão os resultados para a população paulistana (incluído apenas o município da capital):

– O Sr. lê jornais?

	Total	Classe A	Classe B	Classe C
Sim	64%	87%	73%	53%
Não	36%	13%	27%	47%
	100%	100%	100%	100%
n=	2.020	200	803	1.017

Fonte: Pesquisas e estudos de mercado (Marplan) (*apud* Rodrigues, 1970, p. 16).

As classes A, B e C correspondem à classe alta, média e baixa de acordo com critérios econômicos: vemos que os grupos de renda mais alta leem mais jornais do que os de renda menor. Os respondentes são pessoas de ambos os sexos, mas acreditamos que, se fossem apenas correspondentes do sexo feminino, a porcentagem dos não leitores seria mais alta.

A acreditar nos resultados obtidos por pesquisas feitas com a classe operária também em outros países, os mais bem qualificados são os que desejam participação mais ativa na vida cultural de seu tempo.

A grande maioria das mulheres está nos empregos da indústria menos qualificados e mais destituídos de interesse. Há uma tendência constante a pagar menos à mulher do que ao homem. Ela tem possibilidades mais limitadas de formação e de ascensão profissional (Isambert; Guilbert, s.d., p. 279).

Sabe-se que a dona de casa pobre trabalha de 63 a 74 horas por semana. Se somarmos o trabalho profissional ao trabalho caseiro, temos um pouco mais de 80 horas de trabalho semanal.

Alguns depoimentos:

> – Moro tão longe daqui! Saio de casa às 5 da manhã. Fico um tempão no ponto do ônibus.
>
> Chego em casa tarde, cansada, não dá tempo.
>
> – Trabalho na semana, trabalho domingo. Toca eu *pra* cozinha de domingo. Pegamos um garotinho *pra* criar, ele dá um trabalho miserável.
>
> – Não sei, acho que era bom ler... Quando saio do serviço penso em chegar em casa. Em casa penso em vir *pro* serviço. Não penso em outra coisa. Antes de trabalhar na fábrica lia duas revistas por dia: FBI de 150, 170 páginas. Agora na fábrica ando cansada, ripada. Chego em casa, não quero mais nada.

O tempo liberado pelo trabalho produtivo seria o momento ideal de integração na vida social bem como de participação nos modelos coletivos. Se o operário o aproveita ou não para sua integração na comunidade, é o que os especialistas em lazer têm discutido, chegando em geral a conclusões pessimistas.

Pesquisas sérias sobre o lazer operário (como a de J. Larrue feita entre metalúrgicos de Toulouse) constatam que o lugar que têm as atividades de lazer na vida dos operários é ainda fraco; e que essas não parecem ser, para eles, um instante privilegiado de engajamento na vida social.

3 Leituras de operárias

Se pudéssemos concluir algo do estudo com nossas operárias, diremos antes que esse instante é o do recurso à vida imaginária. Os jornais, que lançam o leitor em direção à realidade, são menos lidos do que as revistas e do que os livros. Neles, os interesses imediatos do leitor em geral não são de fuga e de alheamento.

Vemos na Tabela 9 (no Apêndice desta obra) que, entre as matérias oferecidas pelo jornal, a que é lida em primeiro lugar cobre as *notícias sensacionalistas das manchetes*. Logo em seguida, vem a leitura do *horóscopo* (orientação para a vida prática). Depois, a *procura de serviço*. Em colocação inferior, figuram os quadrinhos humorísticos, forma familiar de leitura para o grupo acostumado à fotonovela. Digo familiar na apresentação e não no conteúdo que, nos quadrinhos, é radicalmente diferente.

Neles o humor, ausente da fotonovela, tem o seu reino, humor sintético, pleno de lucidez; e que não raro se ocupa com economia e concisa profundidade das desagregações a que o indivíduo do nosso tempo está sujeito. Não nos cabe o estudo desse veio tão feliz de imaginação e de sátira, mas como a fotonovela se beneficiaria tocada por esse espírito!

Na lista de assuntos a serem livremente escolhidos acentua-se também uma certa tendência em direção à realidade (que a diferencia das escolhas de temas para revistas). Alguns temas são comuns a jornal e a revista, como a página feminina (conselhos sobre beleza e saúde, prendas domésticas) e horóscopo; mas temas específicos de jornal são agora escolhidos: acontecimentos do mundo, anúncio de emprego, noticiário policial.

Mais animadora também é a classificação das notícias culturais, descobertas científicas, das notícias sobre trabalhadores e acontecimentos do Brasil.

O tópico "notícias sobre artes" não recebeu nenhuma escolha: o lugar da arte seria tomado pelas formas de comunicação de massa que sugam o tempo liberado pelo trabalho. Considere-se também a impossibilidade material de contato com exposições de pintura, concertos, espetáculos de bom nível, bibliotecas. Impossibilidade que impede a própria leitura do jornal:

> – Leio só de vez em quando porque, senão, me atrapalha a vida, o dinheiro da condução.
> – Não tenho possibilidade de comprar sempre. Se eu pudesse, comprava sempre.
> – É na condução que leio. Leio jornal quando um homem está lendo a meu lado no ônibus; dou uma olhadinha *pra* ver coisa interessante. Uma vez ocorreu uma resposta como esta:
> – Procuro notícias sobre a Cidade Universitária, seus jardins, os projetos que tem lá.

Relatos de leitura de jornais: Comentários

Podemos agrupar os relatos desta maneira:

- Crimes (39%);
- Acidentes (5,5%);
- Anomalias (5,5%);
- Grandes feitos (5,5%);
- Notícias de artistas (2%);
- Justiça (2%);
- Não responderam (40%).

Entre os relatos de crimes sobressaem os cometidos contra mulheres e crianças.

O conjunto compõe um quadro de vitimismo; chamam atenção os relatos que se referem a crianças (sobretudo meninas) martirizadas:

- Uma criança morre afogada;
- Uma criança nasce deformada;
- Uma menina morre estrangulada;
- Uma menina é raptada e assassinada;
- Uma criança é vendida;
- Uma menina é lançada no poço por três mulheres;
- Uma menina é enforcada;
- Uma criança é queimada;
- Uma menina é mutilada.

As mulheres são vítimas de crimes passionais e de estrangulamento[38].

---

38. A pesquisa foi efetuada em um período em que os jornais davam notícia de um famoso estrangulador.

Até que ponto esse vitimismo feminino *significa* em termos sociais? Os relatos de leitura de jornal não são evasivos nem compensatórios: refletem o sofrimento milenar da criança pobre que, impedida de desabrochar, irá vender, dia a dia, a sua força de trabalho. Antes dos 20 anos, entregará seus membros ao ritmo da máquina, seu cérebro a tarefas repetitivas e sem interesse. Os turnos da fábrica, que se alternam semanalmente, impedem qualquer projeto de estudo, dispondo de sua vida e de seu futuro.

Esse é o contexto das respostas, o quadro de referências do receptor. Terá ele servido de subsolo para os relatos? As notícias que mais impressionaram as operárias entrevistadas referiam-se maciçamente a eventos e a situações em que predominava a *violência* contra a mulher e a criança.

Uma análise mais detida do *corpus* de notícias revela que a gratuidade do delito (isto é, a não culpabilidade da vítima) é caráter quase constante dos casos citados.

O receptor da comunicação impressa reflete nos fatos de que a memória selecionou uma situação básica de insegurança.

É certo que as manchetes dos jornais exageram no relato das violências e nem sempre a leitora é insensível a esse tom carregado:

> – Não gosto muito de ler o *Diário da Noite*, porque mente demais. Quando é um crime, se tem uma facada eles põem cinquenta. Li o caso de um moço que levou cinco facadas e eles puseram quarenta e duas. Assim a gente perde até a graça de ler.

Feita, como faríamos nós, essa ressalva, contudo é preciso ler:

> – Vou ler o que acontece. Também é preciso saber as malvadezas que fazem na vida.

Embora haja notória exploração da boa-fé do leitor por parte de alguns vespertinos, o que nos importa é que a escolha da leitora operária tenha recaído, numa alta proporção, nessa área de violência gratuita contra mulheres e meninas. Sabe-se que o espectro do sensacionalismo é amplo e abrange crimes por motivos de roubo, tóxicos, alcoolismo, taras, prostituição, macumba, milagres, desastres...

> – A moça saiu com o estrangulador, saiu com ele e ele matou ela depois. Pensava ser o amor dela... e não foi.

Prevalecem o medo, a insegurança nas relações afetivas, no destino da mulher, no instante do parto.

Essa especificidade de interesses do grupo sugere a dominância de um fator emotivo e parece afastar da leitora o interesse cognitivo, o que não deixa de surpreender quando lembramos que todo jornal é um leque diferenciado de informação.

Leitura de livros

A leitura do livro segue à da revista e à do jornal: 81% leem revista, 62% leem livros, 67% leem jornais.

Os 38% que não leem livros explicam a não leitura pela falta de tempo, de dinheiro, por desinteresse, cansaço e vista doente – motivos já por nós conhecidos. O primeiro na ordem dos motivos é o mesmo alegado pelas não leitoras de revista: falta de tempo.

No tocante ao livro, a variedade nas respostas, o inesperado, é a norma. Poderíamos esperar uma resposta afirmativa à primeira pergunta ("Sim, leio") e depois verificar *não leitura* efetiva, mediante o aprofundamento da entrevista[39]. As perguntas em sucessão seriam um meio eficaz de detectar esses casos. Mas até nisso o inesperado e a complexidade das respostas enganaram a expectativa. E as respostas nos parecem sinceras.

A resposta à pergunta "Você lê livros?" era, muitas vezes, negativa, mas, depois, as outras respostas retificavam a confusão, timidez ou modéstia da leitora, mostrando que a primeira resposta deveria ter sido afirmativa:

---

39. Havíamos sido prevenidos por Marino Livolsi (1967) que, pesquisando o nível de leitura de comunidades dos arredores de Milão, constatou que alguns dos que se diziam leitores de livros recordavam apenas nomes de revistas ou álbuns de fotonovelas.

3 Leituras de operárias

> – Que eu li, eu li, não me lembro... uma vez li e gostei, não sei se é livro: *Olhai os lírios do campo* (a dúvida vem pelo fato de a edição ser livro de bolso).

Por ser o livro um objeto de escolha *mais pessoal* do que a revista, a afetividade interfere nas respostas.

> – Li uma vez um livro de sexo que o namorado de minha irmã emprestou *pra* ela; achei tão impressionante que nunca mais li nada. Minha mãe tem quinze filhos, ela sofreu bastante. Não gosto mesmo, as coisas são impressionantes.
>
> Sou nervosa, preocupada. Tenho em casa uma responsabilidade tremenda. Sou a que mais ganho. Todos esperam de mim.

Ou de uma semileitora:

> – É muito difícil pegar um na mão. Não compro porque é caro mesmo. Os homens que vendem na rua às vezes deixam em casa *pra* gente ver. Leio aí umas quatro páginas, mas eles logo no dia seguinte já vêm buscar o livro. Tenho que parar.

Uma resposta pode-nos ferir como esta:

> – Não, não tenho quem me empreste, nem dinheiro para comprar.
>
> Nunca li livros, nenhum! Porque eu não encontro.

Esta jovem estudou até o 3º ano primário, é operária há seis anos, sustento de família.

> – Gostaria de estudar. Muito! Mas não posso, trabalho cada semana num turno: das 7 às 16h, ou das 13 às 22h. Assim, nunca poderei ir à escola.

As vitrinas de boas livrarias que atraem os passantes nunca estão no caminho da fábrica: aí a operária encontra apenas as bancas de jornal e revistas cujo preço e cujo nível estão a seu alcance.

Os livros são fenômeno saltuário e não cíclico; daí a disparidade e variedade das leituras do momento. Doze livros estavam sendo lidos na ocasião da entrevista. Seus nomes estão na Lista 1 (Apêndice ao final desta obra) e podemos agrupá-los deste modo:

148   Clássicos Brasileiros das Ciências Sociais – Cultura de massa e cultura popular

- Romances 41%
- Conhecimento 25%

- Bíblia 17%
- Poesia 17%

No mês que precedeu a entrevista, as leituras (Lista 2) (Apêndice ao final desta obra) se distribuíram em:

- Romances 50%
- Conhecimento 19%
- Poesia 19%

- Bíblia 6%
- Histórias infantis 6%

E no ano que precedeu a entrevista (Lista 3) (Apêndice ao final desta obra):

- Romances 50%
- Conhecimento 23%
- Poesia 11,5%

- Livros religiosos 11,5%
- Histórias infantis 2%
- Aventuras 2%

As preferências se delineiam. Em poesia, Castro Alves é o autor mais estimado. Veremos, logo mais, que alto preço as moças devem pagar para alcançar sua leitura. As colegas se reúnem, cotizam-se para oferecer Castro Alves em três volumes a uma companheira que sabem também escreve poesia e, à noite, depois do serviço, vai enchendo caderno após caderno ("–Tem tanta coisa bonita na terra, na água e no ar!").

Depois J. G. de Araújo Jorge, ou alguma coletânea. No jornal da fábrica, a seção de poesia recebe um alto preço.

A ficção conta com livros como *O morro dos ventos uivantes*, obra-prima romântica. Românticos ou neorromânticos também são José de Alencar, M. Delly, José Mauro de Vasconcelos, Júlio Dinis.

Alguns *best-sellers* (*Cléo e Daniel, Eu e o governador*) chegam ocasionalmente às nossas leitoras. E os romances já televisionados ou filmados, como *A vingança do judeu, As pupilas do senhor reitor, Meu pé de laranja lima, Romeu e Julieta*. A ficção brasileira moderna já clássica (José Lins do Rego, Graciliano Ramos, Érico Veríssimo) é ignorada. A referência a *Olhai os lírios do campo* é exceção que confirma a regra.

3 Leituras de operárias

Os livros de conhecimento que recebem mais forte escolha são os de educação sexual e afetiva, o que se pode atribuir à faixa de idade das leitoras, solteiras na quase totalidade. O interesse por livros que esclareçam e orientem para o casamento é constante. Algumas se atêm aos livros escolares. As histórias infantis que as respostas às perguntas 4, 5 e 6 mostram como pouco lidas ultimamente ficaram, contudo, na memória e são recordadas por algumas operárias como os mais belos temas lidos em toda a sua vida.

A lista confirma as escolhas mais importantes: romances, conhecimento, literatura de cordel, história infantil, policial, aventuras, religião.

Entre os livros mais apreciados foi uma surpresa o encontro da literatura de cordel. Presentes nas reminiscências de uma alagoana e de uma baiana, histórias como *O Príncipe Roldão*, *A Princesa Elisa*, *O escravo grego*, são lembradas como leitura emocionante.

Em vias de desaparecer, engolida pela comunicação de massa urbano-industrial, ainda é atuante na imaginação do nordestino pobre essa literatura que se canta e se vende em folhetos nas feiras locais.

– Gosto de livrinhos pequeninos: *Zé bico doce* e outros que gostei muito; esses em verso, igual à música sertaneja.

Alguns de seus conteúdos chegaram ao Brasil Colônia e ficaram como tradição oral sertaneja, como o citado *O Príncipe Roldão*, que pertence ao ciclo de Carlos Magno e os doze pares de França. Ao lado desse imaginário feudal, corriam na Idade Média lendas em torno de figuras mitológicas (ciclo troiano), que podemos reconhecer no citado *O escravo grego*. Além do aproveitamento de fontes medievais, a literatura de cordel explora temas e situações regionais do sertão brasileiro. É o ciclo místico de Antônio Conselheiro, o ciclo heroico da jagunçagem e Lampião, refletido em intermináveis lutas com o exército. Também figuras de heróis românticos de capa e de espada, como o Conde de Monte Cristo (*O sentenciado*). E há a sátira de costumes e tipos locais (talvez representada aqui por *Zé bico doce*)[40]. Certos temas romanescos de folhetim europeu do século XIX são comuns à nossa literatura de cordel. Mas o sucedâneo do folhetim, a fotonovela, articula-se mediante códigos modernos de comunicação de massas. Na literatura de cordel, ao contrário, os códigos são ainda os de técnica oral: versificação, rima, metro popular, sequências encadeadas de episódios, desafios... Na fotonovela, as técnicas filiam-se ao cinema: montagem, cortes, *close-ups*, ambientação...

A característica da escolha de livros é sua disparidade e imprevisibilidade.

Robert Escarpit, falando da difusão do livro, diz-nos que:

> A incerteza que reina sobre a identidade dos leitores eventuais e o caráter imprevisível de suas reações são precisamente aquilo que dá à publicação não programada seu caráter criador (Escarpit, 1970, p. 92).

O livro não alcança apenas um público visado, composto de leitores suscetíveis de serem diretamente interessados. Supõe-se no *público* a capacidade de reagir à leitura de uma maneira consciente e autônoma. Podemos, com algum tirocínio e convivência com jornais literários, prever a reação do público intelectual. Mas a difusão de massa faz com que o livro alcance fora do público previsto o leitor inesperado. E o que não conseguimos prever é "a reação do empregado do escritório, do trabalhador manual, da dona de casa que, pelo acaso de uma compra efetuada na filial de bairro de uma grande loja, recebeu de chofre o impacto de Sartre, de Goethe ou de Homero" (Escarpit, 1970, p. 96).

Tal encontro parece fora do quadro das possibilidades do nosso grupo. Apenas 29% compraram algum livro em toda a sua vida. Na lista de livros comprados (onde é provável ter havido um grau mais alto de opção do sujeito), encontramos mais títulos de instrução

---

40. Não pretendemos estudar aqui os temas da literatura de cordel a que seria preciso dedicar uma extensa pesquisa; recomendamos Beltrão (1971).

3 Leituras de operárias 151

do que de distração. As enciclopédias sobre educação sexual, arte culinária, orientação da criança ocupam lugar de relevo. O gosto pela enciclopédia é bem explicado:

– Queria um livro que tenha de tudo, que me desse instrução, que me ensinasse como um curso.

– Gosto de livros que ensinem, que estimulem a gente, não de histórias sem proveito.

– Gostei muito do *Tesouro da criança*; eram histórias quase como verdadeiras, que ensinavam a gente.

Às vezes, esse desejo de conhecimento tem uma direção:

– Escolheria ciências.

– Gostaria de entender tudo sobre o ser humano.

– Sempre tive muita vontade de ler sobre psicologia. Nunca li nada sobre isso.

– Ler sobre as pessoas é o assunto preferido. Conhecer as pessoas.

– Gostaria de conhecer a humanidade, os problemas humanos.

Onde foram comprados esses livros? A maioria na porta da fábrica, de uma perua Kombi que ali estaciona fazendo exposição do seu material. E de volantes, livrarias de bairro, bancas de jornal. Na maior parte dos casos, é o livro que se põe no caminho da operária, e não o contrário. A escolha é restrita ao que se apresenta. Empréstimo ou doação de pessoas amigas é a fonte mais comum:

– Leio quando uma senhora amiga que já leu e vai jogar fora. Aí ela me dá.

– Todo mês vem o homem da livraria vender aqui na fábrica. Minhas colegas compram em prestação.

– Nós sempre compramos livros, as colegas, desse homem.

– Comprei *A filha de Gisela* (policial); *O morto-vivo* (policial); *O incrível* (aventura); coleção de *Arte culinária*; *A educação sexual*; *Os pais modernos*. Os três primeiros comprei na banca de revistas, já são usados, acho que a 0,40 centavos cada um. Os outros são caros.

Procuramos conhecer o material vendido pela perua Kombi, aguardando sua chegada. Interrogamos os preços, os livros mais procurados. Os volumes eram atraentes, com encadernação vistosa, letras douradas e preços altíssimos, pagos em prestações mensais a combinar[41].

Os livros mais procurados, na opinião do vendedor, eram os de conhecimentos gerais (Matemática, Português, Ciências Naturais). A lista de encomendas daquele dia confirmava o que ele dizia.

Os operários rodeavam os estandes na hora do almoço, perguntando pelos preços e folheando os exemplares expostos.

Quisemos ver a *Educação sexual* em três volumes, o mais referido nas compras do nosso grupo feminino. Com surpresa, encontramos, dentro da bela encadernação, uma impressão ordinária e um conteúdo ordinário. Nada satisfazia o desejo de conhecer, nada ensinava sobre o organismo ou sobre a vida sexual para essas jovens que logo serão esposas e mães. Os capítulos eram uma coleção de casos aberrantes e patológicos escritos numa linguagem vil.

Seu custo é de 67 horas, ou de 8 dias e quase 3 horas de trabalho operário.

Analisando a lista de 48 títulos, entre os quais cada operária deveria assinalar três de sua livre-escolha, verificamos que as preferências incidiram naqueles que ministram conhecimentos sobre o mundo ou sobre o ser humano.

Vejamos a direção das escolhas nesses campos:

1. Educação sexual e afetiva
2. Enfermagem
3. Puericultura
4. Prendas domésticas
5. Relações humanas
6. Educação
7. Personalidade

8. Português
9. Literatura
10. Conselhos sobre beleza e saúde
11. Descobertas científicas
12. Orientação vocacional
13. Filosofia
14. Arte

---

41. Perguntamos ao vendedor se ele nunca trouxera livros mais baratos. Ele nos respondeu que trouxera, um dia, uma coleção de brochuras de José de Alencar, que se esgotou em poucas horas. Não era de seu interesse repetir essa venda menos lucrativa.

3 Leituras de operárias

15. Aprendizado de línguas
16. Aperfeiçoamento profissional
17. Acontecimentos do mundo
18. Acontecimentos do Brasil
19. Assistência Social
20. Política

21. Aritmética
22. Biologia
23. Botânica
24. História
25. Geografia

Esses são os temas que despertaram interesse, fixados de preferência em problemas de educação, cuidados com o doente, com a criança, com o lar, e relacionamento humano.

Hoggart recorda:

> As moças conversam junto às máquinas, em meio a seu ruído, na tarefa rotineira da fábrica: essas conversas tão locais, tão pessoais, tão íntimas, que fazem de todas as moças um grupo fechado e abraçado. É conversa quase sempre elementar, às vezes rude e generosa. São os grandes temas da existência: casamento, crianças, relações com o próximo, sexo […].
>
> Raramente interessados em teorias e movimentos intelectuais, os operários não pensam suas vidas como conduzindo a uma melhoria no *status* ou promoção financeira. Estão enormemente interessados nas pessoas: têm a fascinação dos romancistas pelos matizes do comportamento individual e os imponderáveis das relações humanas (Hoggart, 1957).

Comparando as escolhas para jornais e revistas, vimos que são diferentes os temas preferidos. A personalidade do sujeito é a mesma, suas necessidades também: como explicar tais diferenças relacionadas com os diversos veículos da imprensa? Constatamos que o que se procura no jornal não é o mesmo do que se procura em revistas. Nestas, o tema preferido é a fotonovela; no jornal, são os acontecimentos do mundo. E no livro? Nele se busca fortemente o enriquecimento cultural, além da ficção.

No campo da ficção os gêneros escolhidos foram:

- Romântico (*o amor que não morreu*);
- Terror e mistério (*o médico e o monstro*);
- Policial (novelas policiais);
- Aventura (*a volta ao mundo em 80 dias*).

154   Clássicos Brasileiros das Ciências Sociais – Cultura de massa e cultura popular

Deus na nossa vida foi o título que atraiu mais escolhas. É o livro que mais se gostaria de ler. Poderia ser incluído entre os que alargam o conhecimento ainda que no plano espiritual, ou se procuraria nele a moral prática, um código de atitudes, de comportamento, de regras do bem-viver? Poderíamos também pensar em uma função mágico-prática intermediária que se coloca entre a função cognitiva (quem é Deus?) e a ética (como viver?). Mas a mágico-prática não é nem uma nem outra e se detém no "como utilizar a religião para a vida cotidiana", fusão, portanto, de pragmatismo com magia. Contudo, para entender as funções que a leitura religiosa exerceria na vida dessas operárias, seria preciso estudar as raízes psicológicas da religiosidade em cada jovem de nosso grupo. Por um motivo ou por outro, o livro terá sido escolhido, mas nossos dados nada nos autorizam a concluir a respeito da natureza da escolha[42].

Também estão representadas nas preferências a poesia e a correspondência amorosa.

No caso da literatura infantil (*Reinações de narizinho*), a escolha não surpreende, dada a reminiscência da escola e da infância que foi, para muitas, o único tempo de encontro com a literatura. Algumas entrevistas recordam "aquele livro que falava de Pedro Álvares Cabral", ou "aquele que tinha o ABC".

O título *Horóscopo – Seu destino está nos astros* foi um dos menos escolhidos, embora o assunto esteja entre os primeiros colocados em jornal e revista.

Realmente, no livro se procura outra coisa. Entramos numa esfera que não é a do cotidiano, em que se compra o jornal ou a revista na banca da esquina.

É ampla a esfera virtual de interesses da operária tal qual se revela pela indicação das obras que ela desejaria ler. Começa pelo concre-

---

42. Hoggart (1957) define a religiosidade do operário como alguma coisa mais ligada à solidariedade entre os homens que à transcendência de Deus; uma ética da fraternidade, do tipo "estamos todos no mesmo barco, fazer o bem sem olhar a quem, estamos aqui para nos ajudar". As mães operárias tendem a ver no céu uma compensação: "– As coisas serão mais fáceis lá. Haverá tempo para sentar e ter um bom descanso".

to, em que se exercem suas qualidades femininas (educação sexual e afetiva, enfermagem, puericultura, prendas domésticas, relações humanas, educação), mas não é alheia à filosofia, à literatura, à ciência. Isso é admirável da parte de quem recebeu muito pouco no terreno da cultura. Tão admirável como seria o mundo que elas fossem chamadas a construir e a transformar com todas as virtualidades de sua pessoa, não apenas com a força do trabalho.

Relatos de leitura de livros: Comentários
Nos relatos de livros que expusemos (junto com as respostas negativas para ressaltar certos aspectos do problema), podemos encontrar:

- Romances românticos;
- Livros de conhecimento do homem ou do mundo;
- Livros religiosos;
- Livros de poesia;
- Histórias infantis.

No caso dos relatos de obras ficcionais, a primeira observação notável é a dificuldade de captação do enredo por parte do sujeito. Não sabemos se as lacunas advêm da memória, da percepção, da dificuldade de expressão.

As estruturas narrativas são desfiadas: difícil encontrar nelas sintaxe que permitisse uma análise interna e que fosse constante de entrevista para entrevista.

O que se pode generalizar desses enredos truncados e sumários? Entre os temas românticos, treze histórias sentimentais, um romance de aventuras, um de terror e uma narrativa fantástica.

As narrativas começam, em geral, exprimindo a afetividade do narrador, isto é, são centradas nele mesmo:

- O que mais me causou emoção...
- Eu gostei muito...
- Prefiro...
- O que me emocionou...

156 Clássicos Brasileiros das Ciências Sociais – Cultura de massa e cultura popular

Nas histórias sentimentais há uma protagonista qualificada como pobre ou feia ou doente ou órfã...; enfim, temos presente a heroína desvalida da fotonovela como o mínimo que se pode captar. Essa personagem está ou numa situação de equilíbrio que se rompe, ou numa situação de desequilíbrio que se deve restaurar[43]. Crianças infelizes encontram segurança; jovens pobres e órfãs encontram casamento. Não há descrições de ambientes, mas apenas mencionam-se heróis e situação. Mesmo em uma autobiografia "realista", *Eu e o governador*, as coisas são vistas nesses termos:

– O da Adelaide. Ela era pobre, doente dos pulmões. Ela deve ser muito triste, muito sentida. Sei lá... Era mais a vida dela que outra coisa. Aconteceu tanta coisa. Depois foi morar uns tempos com o governador.

A identificação com a mocinha e o esquema das suas aspirações saem da boca da própria entrevistada:

– A mocinha pobre sofreu muito e afinal triunfou.

– A Magali sofreu bastante e depois de tanto sofrimento casou com o príncipe.

As histórias infantis envolvem sofrimento da criança e uma situação de dificuldade que se reequilibra, embora de maneira mais fantástica do que nas histórias para adultos em que se procurava a verossimilhança. Aqui, situação insólita e maravilhosa vem restaurar o equilíbrio perdido. A criança encontra a mãe e a proteção, a Cinderela encontra o príncipe. A diferença está na qualidade do expediente, da intervenção.

Os temas religiosos se referem à fé cristã tradicional (a Bíblia, a vida de Jesus).

---

43. Tzvetan Todorov (1969) analisa alguns contos do *Decameron* de Boccaccio e apresenta a intriga mínima completa como a passagem de um equilíbrio a outro. Equilíbrio é definido como relação estável, mas dinâmica, entre os membros de uma sociedade. Os dois momentos de equilíbrio estão separados por um período de desequilíbrio que será constituído de um processo de degradação e de um processo de melhora. É o que Todorov encontra em todos os cantos do *Decameron*, embora os relatos por nós colhidos, porque, em geral, lacunosos, não recomendem uma análise semelhante.

3 Leituras de operárias

Os livros de conhecimento lembrados se referiam, de preferência, aos ritmos da vida feminina: namoro, casamento, lar e maternidade.

Confirma-se nos temas de ficção a permanência de um certo vitimismo da mulher e da criança: a vítima é salva por um acidente do destino.

No plano da informação, o interesse por atividades femininas tradicionais supera o interesse por conhecimentos gerais.

Estamos, bem entendido, descrevendo lembranças de leituras ocasionais, não o interesse real ou virtual do sujeito ligado ao plano de vida, ao que ele desejaria para si se pudesse escolher.

Existe um certo tipo de correspondência livro-leitor que é difícil de ser captado. Para o especialista em sociologia da literatura Robert Escarpit (1969)[44], o método mais sério de compreender esse fenômeno é *perguntar ao próprio leitor*.

A lição mais importante que as entrevistas nos deram é que existe na leitura um real, mas também um potencial. E que esse potencial (que engloba aspirações, interesses, desejo de conhecimento) pode ou não se realizar. Para o nosso grupo esse universo de possibilidades era vedado por uma barreira econômica.

As compras de livros obedecem mais a uma escolha momentânea do que a um plano amadurecido. Vemos nas bancas, que estão no itinerário do nosso grupo, lado a lado com revistas de apresentação luxuosa, modernas na tipografia e nas fotos, com bom gosto e ousadia nas ilustrações, os romances de baixo preço, impressão ordinária, conteúdo banal.

Folhetim em capítulos é pouco lido pela operária cujo salário não permite a compra mensal ou quinzenal, mas o espírito das

---

44. Robert Escarpit preocupa-se com os circuitos populares do livro. O público visado pelo escritor é um público aberto possível. O visado pelo editor é o público provável. Mas o público do livreiro é o real; ele sabe que as livrarias existem para as classes média e rica. As livrarias que vendem romance de qualidade não se encontram no circuito do trabalhador, no qual estão apenas bancas de jornal que podem oferecer-lhe algum policial, *best-seller* (se ultrapassou a barreira dos 100 mil exemplares), alguns clássicos em edição barata. Essa é a vitrina do operário na França onde há de um a dois milhões de clientes de livrarias para 25 milhões de leitores. Essa distribuição, limitada pelo comércio, e que se crê realista, é mortal para a cultura, uma vez que existe uma enorme população subalimentada espiritualmente.

narrações é folhetinesco. Dessas depreendemos uma construção fictícia, não realista – pelo ambiente, pelas personagens, pelas soluções – se bem que se refiram a problemas reais (segurança, casamento, lar, dificuldades de infância). O romanesco oferece uma evasão e compensação para a rotina e o trabalho desinteressante.

O mesmo sistema que com finalidade mercantilista despoja suas tarefas de todo interesse e vida vai explorar comercialmente a necessidade de evasão.

O tom geral das histórias é de uma moral conservadora: os valores defendidos são os de um modelo tradicional de mulher, abnegada, fiel, votada ao lar, para quem o amor é um sentimento sagrado, imutável, nas vicissitudes da vida:

> – A história tem que ser de amor. O moço e a moça com sinceridade acabam se encontrando. Que não seja escandaloso. Que a leitura conforte.
>
> Quando os dois são fiéis, lutam, lutam e acabam se encontrando. A gente aprende muita coisa para a vida (resposta de uma operária em enlatamento, antes tecelã, 30 anos, primário completo).

Se grandes obras são citadas nas escolhas, trata-se de obras do passado que não levantam problemas do mundo atual, que deslocam apenas o quadro romanesco, não agitando convenções nem pondo em xeque o leitor ante o mundo presente[45].

A cultura de massa é dúbia: oferece na propaganda imagens utilitárias e racionais da técnica; no imaginário, explora as constantes de uma mentalidade pré-industrial que sobrevive e permanece na cultura do homem pobre.

Para este existe uma fábrica de palavras de sonho: o mercado é compensador. Seus autores não ganham sempre renome, mas obtêm lucro. Eles têm suas regras de ouro (muito diálogo, nenhuma

---

45. No entanto, a arte coloca problemas atemporais frente à existência e que, embora não questionem a sociedade presente, "nos libertam", diz Rosa Luxemburgo falando de Dostoiévski e referindo-se àquela *revisão de vida* a que a arte verdadeira nos obriga. Uma operária causou-nos uma impressão única pela inteligência e sensibilidade. Benedita Rainha que, nos seus 33 anos, só havia lido a Bíblia.

descrição longa), suas frases de estoque, ambiente convencional. Com certa técnica, satisfazem sonhos sonhados de olhos abertos por aqueles, em nosso caso por aquelas que constroem o mundo material em que vivemos.

Nessa literatura açucarada extinguem-se as indagações sobre a existência; entramos na região das respostas evasivas, dadas automaticamente. Apela-se para a curiosidade mesquinha e sem objetivo. Perde-se o sentido da substância da vida, o que, segundo Hoggart (1957), é o pior efeito para o leitor.

Reduz-se o receptor ao nível da aceitação passiva, em que nunca se levante uma questão e nunca se pense em mudança. Não se solicita o menor engajamento, nega-se o alimento sólido, ilude-se a fome do leitor. Satisfazer essa fome seria criar tensões inesperadas entre o que é e o que deveria ser.

Considerações finais

Cultura operária: uma possibilidade

> A viagem terminou, o caminho começou.
>
> *György Lukács*

Para elucidar o problema da leitura operária, faz-se necessária uma série de pesquisas e de estudos teóricos. Dispersos nos arquivos de sindicatos de todo o Brasil, nas bibliotecas, os números de velhos jornais feitos por trabalhadores para trabalhadores atestam a existência passada de uma imprensa operária. Contingências históricas, crises sucessivas golpearam duramente o movimento sindicalista brasileiro e com ele esses órgãos de cultura que foram rareando e hoje (ao menos oficialmente) desaparecendo. Tomando seu lugar, a imprensa de massa se dirige ao trabalhador não como membro de um público especial, mas como a um consumidor anônimo, debilitando em sua consciência o sentido e a significação de sua classe. Verdade é que a imprensa de massa opera, dessa maneira, para com todas as classes, mas especialmente para com a trabalhadora de onde se esperaria uma consciência mais viva das carências sofridas.

No Colóquio de Royaumont sobre a cultura de massa, Lazarsfeld aborda justamente esse problema. Falando sobre a consciência de classe em perigo, discute os fundamentos – verdadeiros? – do medo do intelectual ante o ataque dos meios de massa. Estes tomaram o lugar dos comícios, da política, das atividades de solidariedade operária. O lazer é sugado pelo rádio, pela TV, pela fotonovela. Além disso, os conteúdos veiculados, a inautenticidade do *kitsch*, "estariam em vias de destruir a ideologia dos trabalhadores, de substituir sua consciência de classe, sua moralidade política por banalidades sem interesse" (Lazarsfeld, 1965, p. 11). Pior ainda, a ideologia difusa por esses produtos implica numa aceitação do estado de coisas existente, sendo quase inconscientemente absorvida pelos trabalhadores que leem a imprensa de grande tiragem, assistem a filmes medíocres ou comerciais de TV.

Porém Lazarsfeld discute com otimismo:

> Os adversários destes argumentos observam que os trabalhadores foram sempre expostos à cultura da classe dominante, mas que têm sabido, até o presente, preservar sua própria cultura, sua consciência, sua identidade de classe contra tudo. E depois, se sua fé militante é tão frágil que fique à mercê da televisão, é que ela está prestes a se abalar ao primeiro choque. Mas o medo de que a difusão da cultura de massa possa provocar um recuo da cultura das classes laboriosas não é sem fundamento (Lazarsfeld, 1965, p. 12).

Lazarsfeld se refere à situação na França e nos Estados Unidos. No Brasil, essa situação é diferente: há o passado rural recente, pouca tradição de lutas. Segundo a observação de Juarez Lopes Brandão, o trabalhador de origem rural se identifica com todo pobre (com aquele que trabalha de dia para comer de noite), grupo dos mais heterogêneos no Brasil. Não seria, pois, "solidariedade de classe, mas um sentimento de origem estamental em transformação no cadinho do meio urbano" (Brandão, 1968, p. 161); os veículos massivos o urbanizam e dissolvem os últimos traços de sua cultura folclórica, dela persistindo poucos vestígios.

Contudo, a adoção de novas tendências não pode alterar completamente o tecido das relações concretas de que é feito o cotidiano. Hoggart assinala que os danos psicológicos e morais que a literatura de massa poderia causar – tais como atitudes cínicas, derrotistas, céticas, estéreis – existem, sim, mas não devem ser superestimados, pois são compensados pela complexa rede de eventos e de reações que afetam sem parar o operário: a guerra e o medo da guerra; o mundo do trabalho, as relações com os companheiros, a solidariedade que isso envolve; os deveres da casa, a administração do salário; as ligações e as exigências da vizinhança; a doença, o cansaço, o nascimento, a morte; o mundo da recreação local.

Esse tecido familiar, primeira realidade do trabalhador, filtra a comunicação de massa, de cuja onipotência as modernas pesquisas nos fazem duvidar: ela esbarra na situação vivida do receptor, nas suas predisposições psicológicas, na moral sustentada pelo seu grupo primário, nas atitudes já sedimentadas, na estima em que é tida a fonte, na percepção seletiva das mensagens. Enfim, em vez de pesquisar *efeitos* puros da comunicação, tenta-se compreender a situação do sujeito que a tornou mais ou menos poderosa. A receptividade depende mais desta do que de uma alta técnica da persuasão.

* * *

Na sua pesquisa sobre o lazer operário, Janine Larrue (1963) percebe um sentimento de exclusão e marginalidade nos trabalhadores em relação aos bens mais desejados.

As necessidades interferiam a cada passo em suas respostas tal como aconteceu com nossas operárias:

> – Uma pequena casa, de duas ou três peças com pouco de conforto, um chuveiro, água quente; eu gostaria de viver em qualquer coisa que fosse minha quando entro em casa.
>
> Cada ano passar uns quinze dias no campo, mas é um sonho e nunca esperei isso.
>
> – Meu sonho? Ter um carro pequeno, mas é impossível, porque mesmo que eu tivesse um dia dinheiro para comprá-lo, não poderia jamais comprar a gasolina, a garagem... etc.
>
> – Gostaria de viajar, ter livros, mas isto é só um sonho.

Note-se a expressão da impossibilidade nessas imagens ideais. A esse sentimento de exclusão junta-se o desejo de evasão no lazer:

> – A sirene tocou: vamos esquecer tudo até amanhã!
>
> – Gosto de me sentar no cinema e olhar não importa o que...

Essa passividade é o oposto da participação: uma isola, a outra cria laços; uma é fuga, a outra, persecução de um fim; uma se abre sobre o vazio, a outra é orientada.

Existem graus de resposta: a aquisição dos bens de consumo é uma forma de participação social. As relações sociais são outras. E a ação social, uma terceira forma. O risco é que a primeira seja um obstáculo às outras.

Em face dessas considerações ponderáveis, a autora da pesquisa recomenda uma posição de prudência que nada conclua apressadamente sobre o grau de integração social do trabalhador.

Porque, nos diz ela, se a participação no conforto, no bem-estar, nos lazeres da civilização, fosse conseguida desde agora, não seriam esses senão aspectos parciais. Teriam efetivamente um papel libertador, mas com a condição de serem as primeiras balizas de uma humanização mais completa.

* * *

Maurice Halbwachs (1913) relaciona o isolamento do operário com certos traços típicos da classe: ligação cotidiana com a matéria, e não com os homens, o dobrar-se ao ritmo da máquina, a situação específica de assalariado.

A luta pela sobrevivência exaure seus meios e forças. A diminuição da jornada é uma tendência irreversível, mas o horário e as condições de trabalho são ainda um fator de segregação que os deixa à margem da festa do lazer e do conforto.

A pesquisa clarividente de René Kaës (1963), na França, mostra o operário mais jovem e participante, recusando qualquer cultura didática e paternalista; e quanto ele está desejoso de se integrar na chamada "grande cultura". Os mais conscientes percebem que sua participação na sociedade, à medida que não for apenas consumidora, deverá trazer consigo uma expressão operária. A pesquisa sugere que há no trabalhador o sentimento de poder trazer uma renovação substancial à cultura devido a alguma coisa que lhe é própria e que não se expande porque é negada pelas condições exteriores.

Situação menos esperançosa é a de outros trabalhadores aos quais esse horizonte é fechado. Se observarmos as formas de lazer dos mineiros de Yorkshire (Dennis et al., 1969), veremos que elas se constituem em sólidas instituições. Vivendo do carvão há três

Considerações finais 165

gerações, dispõem de clubes noturnos, bandas, bailes semanais, jogos de críquete e de futebol, box, bilhares, teatro de comédia e de pantomima, biblioteca, um coro de senhoras, "Labour Party Ladies Choir" que canta baladas vitorianas e eduardianas… As atividades são numerosas, mas, no conjunto, é um lazer passageiro, que não deixa marcas na cultura.

A falta de horizonte vem da insegurança provocada pelos desabamentos: todo ano morrem de 400 a 600 trabalhadores nas minas da Inglaterra. Entra-se pobre na mina e, depois de 40 anos de trabalho, sai-se pobre. Que sentido teria uma entrega esforçada ao autoaperfeiçoamento?

A perigosa condição mineira não permite futuro no trabalho ou no lazer. Temos, pois, centros de recreação diariamente frequentados. Mas de expressão própria do seu mundo os mineiros nada criam senão baladas de lamento pela perda dos companheiros:

Vocês ouviram falar do desastre de Gresford
Ó terrível preço que foi pago.
Duzentos e quarenta e dois mineiros se perderam
E mais três da brigada de salvação.

Lá embaixo no escuro jazendo estão.
Eles morreram por nove *shillings* ao dia,
Trabalharam bem o seu turno, e agora devem descansar
Na escuridão até o Dia do Juízo.

Adeus, queridas mulheres e crianças.
Adeus, nossos queridos camaradas.
Não mandes teus filhos na mina triste e escura,
Eles se danarão como os pecadores no inferno

(Dennis *et al.*, 1969, p. 131)[46].

---

46. *You've hear of the Gresford disaster: The terrible price that was paid./ Two hundred and forty-two colliers were lost./ And three of the recue brigade.// Down there in the dark they are lying,/ They died for nine shillings a day,/ They have worked out their shift and now they must lie./ In the darkness until Judgement Day.// Farewell, our dear wives and our children./ Farewell, our dear comrades as well./ Don't sinners in hell.*

Cultura operária: uma possibilidade

Quando refletimos sobre dados aparentes da cultura das classes trabalhadoras, impõem-se algumas perguntas gerais:

(1) Dizer cultura do operário equivale a dizer cultura popular?

(2) Dizer cultura do operário equivale a dizer cultura operária?

Em outros termos: há uma cultura especificamente operária? Tomemos um exemplo brasileiro: a pesquisa de Acácio Ferreira (1959) sobre o lazer operário em Salvador, Bahia. Aí encontramos vários modos de ocupar o tempo livre: grupo de conversa, rádio, candomblé, briga de galo, briga de canário, futebol, pesca, leitura, capoeira, tocar instrumentos, empinar arraia, cinema, andar de bicicleta...

Verifica-se o convívio da cultura de massa com a cultura tradicional popular que, no caso da Bahia, é de maior evidência. Traços de lazer tradicional, vinculado ao parentesco, à vizinhança, à solidariedade grupal, coexistem com modos de diversão urbana como circo, feira, jogos.

O operário vive realmente, como homem do povo, uma cultura popular, que poderá ser mais ou menos marcada por traços regionais. Mas a questão não se esgota aí.

Para responder à segunda pergunta, seria preciso focalizar uma área de pesquisa que contasse com um operariado maduro, já com história própria, como é o caso do proletariado paulista. Fosse qual fosse o resultado da pesquisa, e a natureza dos dados empíricos colhidos em certo momento, impõe-se ao espírito do pesquisador a dimensão da História, em que dados diferentes já se manifestaram.

Conquanto os depoimentos colhidos nas entrevistas tenham permitido captar quase só traços de cultura de massa, não se pode negar que esta coexista, por exemplo, com hábitos de diversão peculiares a algum bairro, que a pesquisa não focalizou. Além desses hábitos, devem existir, por hipótese, caracteres específicos da classe operária, visíveis ou não a olho nu, captáveis ou não pelo aqui-e-agora de uma pesquisa.

Um exame do *passado* desses grupos ajuda a transcender a pseudoconcreticidade dos dados empíricos e dirige nossa atenção para ocorrências não visíveis no momento, mas possíveis. Acreditamos na possibilidade de uma cultura operária revendo o seu passado, diferente, sim, da situação atual.

Considerações finais 167

Entre os melhores estudiosos do trabalho no Brasil está o Professor Albertino Rodrigues. Num livro de leitura obrigatória, *Sindicato e desenvolvimento no Brasil* (1968), estuda as origens e o evoluir das organizações trabalhistas em nosso país; é um texto do qual se podem inferir as vicissitudes da cultura operária.

O trabalhador do começo do século teve pouca presença urbana, nem lhe era possível ter presença maior à tradição, à riqueza. Onde a base escravagista recente não permitia a valorização do trabalho manual. Ocupando na ecologia urbana uma posição marginal, em favelas, cortiços, ou vilas de bairros periféricos, ele aí permanecia nas horas de trabalho e de lazer.

O sindicato funcionava como lugar de encontro de um grupo primário onde os membros se conheciam uns aos outros profundamente, como se fossem membros de uma família. Edgard Leuenroth, militante, recordava: "O sindicato era um prolongamento do nosso lar e não, como hoje, um guichê de repartição pública" (*apud* Rodrigues, 1968, p. 34). Ele não conheceu nas suas primeiras fases heroicas uma hierarquia rígida de poder: seus elementos, de vanguarda ou não, chamavam-se simplesmente uns aos outros "militantes". "Continuidade do lar", "local sério e respeitável", desenvolviam atividades recreativas e culturais. Procuravam preencher integralmente a existência operária nas horas de trabalho e fora delas. À medida que os instrumentos de lazer social pertenciam às elites, essas organizações promoviam festas, convescotes e reuniões de vários tipos. Às vezes, intelectuais vinham participar dessas associações, unindo ao caráter político ao cultural[47].

Os círculos socialistas do interior e da capital são exemplos da presença e do engajamento desses intelectuais. "Mas tiveram, geralmente, duração efêmera: na expressão de Antonio Piccarolo, surgiam como cogumelos depois da chuva abundante, para cair depois no mais completo esquecimento" (Rodrigues, 1968, p. 30).

As épocas de crise e de secura deveriam refletir-se, como é natural, nesses centros comunitários.

---

47. Euclides da Cunha coadjuvou a fundação do Clube Internacional "Filhos do Trabalho" de São José do Rio Pardo ao lado de Francisco Escobar, José Honório de Sylos e do ardente operário e imigrante italiano Paschoal Artese, fundador do jornal *O Proletário* (1901). Lima Barreto escrevia no jornal marximalista *ABC* (Rio de Janeiro) por volta de 1918.

Decorrentes também da vida sindical são as pujantes expressões do operariado, as Festas de 1º de maio. A primeira comemoração do Dia do Trabalho fez-se em 1895, em Santos; e a primeira em praça pública, de que se tem notícia, realizou-se em 1906, em São Paulo. Leôncio Basbaum lembra que a celebração de 1º de maio de 1929, no Rio de Janeiro, reuniu 60 mil manifestantes, sendo "a maior concentração de trabalhadores já havida no Brasil até aquela data" (Rodrigues, 1968, p. 39).

Atividade que sobreviveu de modo oscilante nessas décadas de agitação foi a imprensa operária. Refletindo a militância, órgão de defesa e resistência, ou página quase inócua para recreação, ela pode traduzir um esforço de coesão da classe quanto o estado de coisas o permita. Aqui, mais do que nunca, o *possível* é maior do que o constatável. Visível ou clandestina, jornal ou panfleto, descontínua embora, a imprensa operária pode ser uma luz em épocas agônicas.

No seu meritório e carinhoso estudo, Albertino Rodrigues (1968, p. 140) faz o arrolamento dos órgãos mais importantes que circularam no Rio de Janeiro e em São Paulo entre 1869 e 1929:

Rio de Janeiro (Antigo DF)

Tribuna Operária (1902)	*A voz do Trabalhador (1913)*
O Libertário (1902)	*A Voz do Povo (1918)*
A Greve (1903)	*Spartacus (1919)*
Força Nova (1904)	*A Classe Operária (1925)*
Novo Rumo (1905)	*A Nação (1927)*
Gazeta Operária (1906)	*A Esquerda (1927)*
A Guerra Social (1910)	*Ação Direta (1928)*

São Paulo

O Operário (1869, 1891)	*O Trabalhador Gráfico (1905)*
O Trabalho (1884)	*Jornal do Operário (1905)*
O Grito dos Pobres (1889)	*O Chapeleiro (1905)*
Amigo do Povo (1890, 1901/1902)	*A Terra Livre (1906)*
O Primeiro de Maio (1891, 1895)	*A Luta Operária (1906)*
O Socialista (1896)	*Grito do Operário (1912)*
L'Operario (1898)	*Germinal (1913)*
O Trabalhador do Livro (1898)	*A Plebe (1917/1935)*
Avanti (1900 – em italiano)	*A Vanguarda (1919)*
A Lanterna (1901)	*Alba Rossa (1919)*
O Trabalhador (1904)	

Considerações finais   169

Notável é a presença de jornais editados em língua estrangeira (*Grito del Pueblo*, 1904; *La Battaglia*, 1903). *O Socialista* era editado em português, espanhol e italiano. O imigrante, portador de ideias novas, como o anarquismo e o socialismo, dinamizava a vida operária e o sindicato. Sua influência na vida popular dos bairros e das fábricas, nas festas e nos costumes, objetiva-se especialmente na luta: nos jornais de 1902 existem referências à *Lega dei Tessitori*, *Lega di Resistenza fra Lavoranti in Veicoli* e *Società Operaria Umberto Primo* (Rodrigues, 1968, p. 29).

É um reflexo no Brasil de um nível de consciência conquistado em países de industrialização mais antiga.

* * *

Quando examinamos o quadro da cultura popular na sociedade urbana, distinguimos diversos subpúblicos: o infantil, o feminino, o juvenil… para os quais os veículos de comunicação ministram alimento apropriado. Tanto nesses subpúblicos urbanos quanto nos vestígios ou núcleos de cultura folclórica, encontramos elementos de evasão sobre os de formação e informação. Os meios de comunicação informam, mas também se dirigem ao homem que gosta do jogo, do mistério, da dança, da fábula. Se considerarmos a classe operária como um público urbano e nos interrogarmos sobre os traços próprios de sua cultura, veremos que essa contém, como a popular, elementos lúdicos e cognitivos. Ontem, o operário teve sua cultura de *folk* como lavrador; amanhã se vai integrar na cultura urbana; hoje pode viver uma fusão das duas culturas.

Mas, se existe uma cultura operária específica, ainda que por um lapso de tempo, ela nos parece dirigida para o conhecimento e a ação, e não para a evasão.

Fazem parte dela os órgãos recreativos ou de defesa, as festas de solidariedade na medida em que exprimem a situação e a consciência de classe.

Conservando resíduos artesanais, rurais, ou populares indistintamente, ela é sempre engajada quando se corporifica em algum lugar ou tempo.

E mais: sendo um fermento na massa, empresta um sabor característico àquela cultura popular em que ela pode ter expansão. Confere um travo diferente (talvez por sua vinculação aos valores de uso) que sentimos nas nações onde a classe operária é uma força atuante. Ela é a única cultura que se realiza na militância, ou se atrofia; e que é sempre engajada, ou não é, quer dizer, não existe.

* * *

Poderíamos, no caso da leitura, tentar defender a literatura de evasão como fez Escarpit: o essencial é saber em que direção se evade. Não se deve confundir a evasão do prisioneiro em direção à conquista, ao enriquecimento, com a do desertor, para a derrota, o empobrecimento.

Para Dante Moreira Leite (1965), toda ficção envolve, em proporções diversas, dois movimentos: o de revelação e o de fuga. Enquanto reveladora, a literatura de ficção é uma forma de compreender ou estruturar a realidade.

A evasão, a fantasia podem enriquecer o leitor, reconciliá-lo com o absurdo da condição humana em certos momentos, levantar sua esperança, alargar sua linguagem e sua consciência. Se as leituras postas em circulação no circuito letrado pressupõem uma motivação-enriquecimento, as leituras postas em circulação nos circuitos populares quase sempre encorajam a deserção. É uma literatura pobre e estereotipada, feita para as massas e girando, como a fotonovela, em torno de uma mitologia sentimental (Escarpit, 1969, p. 203).

A magra satisfação que o homem pode extrair da realidade deixa-o faminto – são palavras de Freud.

A necessidade universal da ficção começa a manifestar-se nas fabulações da criança.

Pesquisas conduzidas pela indústria livreira americana fixam a seguinte proporção de leituras de ficção: entre adultos: 58% = ficção; 37% = não ficção (incluindo, porém, poesia); 2% = ambos; 3% = não responderam. Note-se, no entanto, que a poesia, quando narrativa, é mais popular; logo, pelo menos 60% são leitores antes de ficção do que de não ficção (Lesser, 1957).

Considerações finais   171

Constatada essa universalidade da leitura de ficção que, para Freud, é uma necessidade compensatória do homem, podemos distinguir, dentro da ficção, aquela que nos enriquece e nos repropõe novas maneiras de compreender a existência ("Força é mudares de vida"), daquela dirigida para o consumo, desfigurada pelos valores de troca.

Falando sobre os circuitos populares, Hoggart comenta amargamente:

> O fato de que o analfabetismo, tal como costumamos defini-lo, tenha praticamente desaparecido da Inglaterra, coloca um problema sem dúvida mais difícil de resolver. Seria preciso inventar uma palavra nova para designar o novo analfabetismo que a maior parte dos produtos da indústria cultural tende, não sem sucesso às vezes, a difundir nas classes populares, hoje totalmente alfabetizadas. Agora que o movimento operário espera tudo da educação gratuita e obrigatória, o uso que os membros das classes populares são levados a fazer de suas novas possibilidades de leitura os constrange a regredir culturalmente a um ponto aquém daquele em que se achavam na época em que a maioria não sabia ler (Hoggart, 1957).

Umberto Eco, levantando as peças de acusação e de defesa da cultura de massa, nos conduz a posições menos pessimistas. Quando se propõe o papel dos intelectuais no mercado de livros, que é o de protesto e defesa dos valores humanos, ouvem-se argumentos sobre a inutilidade do testemunho isolado. Seria preciso uma negação total do modelo, dizem esses argumentadores, que, descrevendo as relações puramente sincrônicas dentro do modelo, se abstêm de toda práxis esgotando-se na crítica. Umberto Eco refuta exemplarmente essa mal-entendida presunção de totalidade. Que ignora o fato de continuarem a agitar-se, no interior do modelo, as contradições concretas. Ali se estabelece uma dialética dos fenômenos tal que cada fato mudado modifica um aspecto do conjunto. Negar que uma soma de pequenos fatos, devidos à iniciativa humana, possa modificar a natureza de um sistema significa negar a própria possibilidade de uma mudança que vem à luz sob a pressão de um agregado de forças infinitesimais cuja somatória permite um salto qualitativo.

Propostas que mudem o campo cultural podem partir de uma hipótese mais ampla, sendo uma etapa na linha diretiva dessa hipótese. No nível das ideias uma modificação não se torna um ponto de referência estático para desejos apaziguados, mas solicita a ampliação do discurso. Quem ensina a ler um grupo de analfabetos desencadeia um processo de conhecimento cujo curso não pode controlar, pois se dirige a uma expansão contínua. Daí a necessidade, continua Umberto Eco na sua abertura a *Apocalípticos e integrados*, de uma intervenção ativa das comunidades culturais no campo das comunicações de massa: de colaboração e crítica construtiva.

A luta de uma *cultura de proposta* contra uma cultura de entretenimento encontrará resistência intolerante. Mas a comunidade dos homens de cultura ainda constitui, felizmente, um grupo de pressão. A sua atitude não deve ser nem a de polêmica aristocrática contra os meios de massa, nem a cegueira ante sua periculosidade. Deve buscar a investigação concreta, o conhecimento de como o fenômeno se configura em um dado momento.

Como situar este trabalho no conjunto dessas análises? Conscientes do pouco que fizemos, acreditamos, contudo, que devem ter uma significação as respostas dessas moças que interromperam sua jornada e vieram conversar conosco de suas modestas leituras e aspirações.

"Escrever é desvendar o mundo", ensina Sartre, "e oferecê-lo como uma tarefa à generosidade do leitor". Desejamos que do trabalho se depreenda um objetivo. Esta pesquisa foi desenvolvida na véspera, antes dos fatos, isto é, antes da formação de uma comunidade de leitores. Devemos trabalhar para a sua existência por meio da formação de bibliotecas de bairro, de paróquia, de fábrica.

Depois de descobrir carências, percebemos que elas nos comprometem. É preciso conhecer o problema de perto, tocar nos fatos. Mas isso não basta para que se fale em nome de alguém: devemos também enxergar de sua perspectiva a realidade.

Assumir uma visão operária do mundo é um exercício difícil, um limite que tentamos alcançar, um caminho a percorrer.

Posfácio
"Tocar nos fatos", 50 anos depois

A tese de Ecléa Bosi, defendida no início da década de 1970 na Universidade de São Paulo (USP) e logo transformada em livro, oferece um panorama de toda uma época, suas questões e as forças sociais empenhadas em equacioná-las. Mas *Cultura de massa e cultura popular: leituras de operárias* não é, para nós em nossa contemporaneidade, uma simples viagem ao passado. O núcleo deste livro é o descompasso entre, de um lado, a produção cultural, com seus signos e a vivência à qual eles procuram dar sentido e, de outro lado, o assombroso desenvolvimento da comunicação de massa. Substituam-se televisão, cinema e "robótica" por algoritmos, *streaming* e redes sociais, e veremos que se trata de uma reflexão fortíssima também no nosso presente.

Obedecendo às regras da arte acadêmica, a tese se abre com o estado da questão teórica. Começa com a discussão do "funcionalismo" que organiza o pensamento, por exemplo, de Robert Merton, ao qual Ecléa reage notando que a preocupação do sociólogo com a "disfunção" criada pelos meios de comunicação de massa pode tanto levar a uma visão conservadora quanto a uma visão transformadora do mundo. Ultrapassado o limiar daquilo que tornaria uma sociedade disfuncional, a questão da mudança se torna central: seguir em frente ou voltar para trás, reformar ou revolucionar? São perguntas não explicitadas logo de início, mas que lá estão, pulsando, naqueles tempos em que a ideia de "anomia", provinda da sociologia de corte conservador, assombrava ou orientava o pensamento universitário.

Surge aí o núcleo teórico que então fazia barulho entre intelectuais e pensadores (e pensadoras) da comunicação: a provocação de Marshall McLuhan sobre o "meio como mensagem". A suposta primazia da letra escrita, desde pelo menos a invenção da imprensa, permitira ao teórico canadense imaginar uma "Galáxia Gutemberg". Com sua "tecnologia óptico-linear", tal galáxia teria enfraquecido a "comunidade verbo-oral" que McLuhan preza e quer ver regressar, reforçada e ampliada na "vila global" que os meios de comunicação então projetavam. Ler o livro de Ecléa Bosi hoje é também perceber, de forma crítica, alguns dos canais que, décadas mais tarde, transportariam a seiva do otimismo com a globalização, especialmente depois da queda do Muro de Berlim.

Mas o que seria visto pelos apologistas da globalização como remédio, podia revelar-se, naquele ínterim, também um poderoso veneno. McLuhan, cuja fé "católico-tomista" Ecléa Bosi ressalta, enxergava, nos meios eletrônicos, uma nova era ecumênica, com a possível redenção da comunidade diante da sociedade. A clássica distinção de Tönnies entre comunidade e sociedade é evocada justamente para ressaltar o conservadorismo de fundo do pensamento que enaltece a técnica, a qual, por si só, seria incapaz de fazer as perguntas "por quê?" e "para quê?". Para que, enfim, avançaríamos tecnologicamente, abandonando ou enfraquecendo os laços comunitários?

Ao elaborar tais perguntas, Ecléa arregimenta uma fileira de críticos em que formam Edgar Morin e Theodor W. Adorno, entre outros. Segundo esses autores, a prevalência absoluta da técnica tem consequências profundas no plano psíquico, em que a manipulação das emoções abre caminho para o encolhimento da inteligência, naquele momento em que, segundo a expressão de Wright Mills: "a fórmula substitui a forma". A "disfunção narcotizante", que Lazarsfeld e Merton notam como perigo iminente na cultura de massa, em Adorno se torna a própria essência da sociedade mercadológica, em que a propaganda, de forma escandalosamente acrítica, pretende reproduzir o mundo "tal qual ele é".

Posfácio – Pedro Meira Monteiro   175

O avanço da cultura de massa marcaria uma regressão, com o comprometimento da inteligência criativa. Nesse ponto da argumentação, Hannah Arendt surge para desvelar o vazio inaugurado pela ação do binômio *consumo e competição*. Não se tratava, porém, de simples queixa sobre o embotamento da inteligência, mas sim de notar a angustiosa falta de relações sociais minimamente saudáveis na sociedade moderna. Nas palavras da filósofa judia, que então ensinava nos Estados Unidos, "uma sociedade de consumidores não pode, possivelmente, saber como cuidar de um mundo e das coisas que pertencem exclusivamente ao espaço de fenômenos do mundo, porque sua atitude central para com todos os objetos, atitude de consumação, provoca ruína em tudo o que ela toca". Tal observação guarda uma atualidade desconcertante e mostra como o horizonte escatológico aberto pela sociedade do consumo tem a ver com a destruição impiedosa do meio ambiente (lembremos que a militância ecológica atravessou a vida de Ecléa Bosi), assim como aprofundaria a perda do sentido vital das relações interpessoais, agora mediadas pela grande fantasmagoria da mercadoria.

O fetiche a que Marx dedicou páginas célebres diz respeito ao momento em que não há mais dimensão humana nos relacionamentos, quando a responsabilidade ética pelo semelhante se apaga. A "não solidariedade com o universo", como a chama Ecléa em seu diálogo com o pensamento de McLuhan, prevalece, e nem o "pleno envolvimento sensorial" prometido pelo admirável mundo novo das comunicações seria capaz de recuperar o *sofrimento do outro* como algo significativo, capaz de disparar a ação individual ou coletiva. A questão se equaciona numa dúvida por meio da qual, como num rasgo proustiano, vemos o início da década de 1970 surgir inteiro diante de nós: "Podemos, talvez, duvidar de que o envolvimento dos sentidos bastará para despertar uma responsabilidade (ética) pelo semelhante; e que uma cena do Vietnã vista na TV leve a um compromisso para com as vítimas da guerra".

Tal rasgo faz penar num poema, um dos vários que Ecléa escreveu ao longo da vida e que seriam enfeixados e publicados após sua morte:

> O sangue dos escolares de Antahn e Mo Lay
> daria para tingir um poente
> e todas as vestes brancas de vermelho,
> fazer os algodoais crescerem rubros
> e os bonzos meninos
> que pediam arroz em suas tigelinhas
> tochas vivas e labaredas
> nas praças de Saigon (Bosi, 2018, p. 89).

A banalização das mensagens estaria, ainda segundo Paul Lazarsfeld, liquidando as formas da cultura popular e, mais especificamente, da cultura operária. Aqui temos mais um traço significativo, outra iluminação que, levando-nos ao passado, mostra o peso que ele exerce sobre o presente. A "cultura operária" era tema essencial naquele momento tão importante para a história das esquerdas na América Latina e no mundo.

Em tempos de uberização da economia e de crise profunda da noção de bem-estar social e dos horizontes coletivos gestados dentro da sociedade, torna-se valioso reimaginar as angústias vividas quando tais valores eram motivo de disputa acirrada. Progressivamente moldada pelas lógicas do mercado, a circulação instantânea da mensagem parecia ameaçar qualquer horizonte coletivo ou ecumênico. Questões de 50 anos atrás, ou de hoje?

A imaginação do social, naquele período, fazia pensar no caráter "funcional" da cultura popular como antídoto ao arruinamento da coesão interna de práticas e símbolos grupais. Tal coesão leva a pensar em como a palavra "folclore", devedora de larga tradição romântica, tornava-se problemática e, ainda assim, podia fazer sentido no horizonte de então: "só no museu o folclore está morto" é a extraordinária fórmula encontrada por Ecléa para enfrentar o problema.

Mas como a cultura popular absorveria a cultura de massa? Desde as décadas anteriores, diversos teóricos vinham sondando a desagregação de culturas tradicionais, que se dava a partir de uma "diferenciação" social extrema, num momento em que o "criador" –para usar a imagem de Antonio Candido empregada por Ecléa – distancia-se dos demais, nascendo daí a figura do artista isolado do grupo. Trata-se de um velho problema que já estava em Mário de Andrade e nos estudiosos e amantes das manifestações do "povo", esse estranho objeto de curiosidade e desejo, grande alvo do pensamento libertário no período.

É na literatura de Eugène Sue, voltada para um público leitor ampliado pelos meios de comunicação impressos, assim como nas aventuras rocambolescas de Ponson du Terrail, que Ecléa Bosi, apoiada em ampla bibliografia, identifica os primórdios de um fenômeno da Psicologia Social: a construção de heróis que dão forma ao "sonhar acordado" das classes operárias, que sonham juntas o seu "ser social". Mais tarde, no Brasil da década de 1970, e bastante depois do período que ela e Alfredo Bosi passaram na Itália, o olhar da psicóloga social, informado por autores como Antonio Gramsci e muitos outros, recairia em revistas como *Capricho* ou *Contigo!*

Abra-se aqui um parêntese para pensar na evolução das ciências sociais, no Brasil e no mundo. Se a sociologia clássica nascera separando-se vigorosamente da psicologia (lembremos a maneira como Émile Durkheim estuda o suicídio como fenômeno coletivo), o gesto de Ecléa aponta para um movimento inverso, que reclama a importância das camadas individuais profundas daquele "sonho coletivo" que, ao fim e ao cabo, une as classes oprimidas ao mesmo tempo que as entrega ao mercado de narrativas fáceis, abrindo espaço à colonização do "lazer" por uma indústria cultural que paradoxalmente povoaria as paisagens criadas pela ficção mais elaborada, como num Balzac, por exemplo – e mesmo num Machado de Assis, poderíamos acrescentar.

Sem entrar em eventuais idiossincrasias da autora (a separação rígida do rock e do jazz, por exemplo, supondo que apenas este último se ligaria às raízes do "negro norte-americano"), desponta em sua análise a recusa em compreender a cultura de massa como geradora de mera manipulação. Afinal, a efetividade dessa cultura depende da existência de um sujeito que nunca é totalmente passivo. Chama a atenção, nestes nossos tempos de crítica profunda das razões estruturais do preconceito, que há mais de 50 anos Ecléa já notasse, a propósito de revistas como *Life* e *Realidade*, que ali se cultivava um "igualitarismo jurídico, sem ousar o econômico". *Reforma* tímida sem qualquer *revolução* à vista, poderíamos dizer, pensando nos termos de então. Apologia do *mérito*, sem notar a estrutura que sustenta o *privilégio*, diríamos nos termos de hoje.

A análise da "indústria cultural" não perdoava a falta de criatividade na reprodução automática das formas que, sub-repticiamente, faziam-se fórmulas fixas e empobrecidas. Vê-se aí o quanto o quadro teórico mobilizado tornava-lhe distante a experiência da *pop art*, que então despontava no horizonte do mundo capitalista. À Ecléa, entretanto, interessava compreender aquilo que Umberto Eco chamava de "estruturas de consolação". Tais estruturas davam à luz objetos da indústria cultural cheios de apelo para uma porção enorme da classe operária, que neles encontrava formas de justiça e felicidade que apenas reforçavam esquemas ideológicos vigentes. Como um "anti-Flaubert", Eugène Sue nunca ultrapassa o horizonte pequeno-burguês, assim como a literatura de massa contemporânea apenas repetiria o *modus operandi* daquelas primeiras narrativas consoladoras, por meio das quais o sujeito sonha com aquilo que brilha e se distancia de seu cotidiano, no mundo anônimo e impessoal do trabalho moderno.

Abre-se aí uma fenda, um "intervalo psicossocial" entre o *lazer*, isto é, o "não trabalho", e a atividade produtiva regulada pela indústria. Apoiando-se em Alain Touraine, Ecléa sugere que a falta de liberdade e autonomia na esfera do trabalho tem um correlato na utilização do tempo livre de forma relativamente passiva, o que aproximaria o trabalhador da cultura de massa, afastando-o progressivamente dos "grupos primários como a família e o vicinato".

O principal eixo e matéria de sua reflexão, isto é, a *leitura de trabalhadoras*, permite testar os limites das hipóteses que advogavam a "passividade" dos despossuídos. Ecléa não resume seu inquérito à pergunta sobre "o que" leem as operárias; diferentemente, acrescenta-lhe uma nova e importante questão: "o que gostaria de ler uma operária?" A modificação da pergunta faz o problema todo girar, porque não se trata mais de elencar o que a indústria cultural oferece a entes passivos, mas sim de explorar o que, na imaginação de uma porção determinada da classe trabalhadora, aponta inclusive para além de suas leituras habituais. Ou, na formulação precisa e iluminadora da autora: "A comparação entre o certo e o provável dá uma complexidade nova à sondagem e evita que se tome o factual pelo fatal".

A indústria cultural não responde a tudo o que sonha a classe trabalhadora, incapaz que é de preencher de sentido o seu dia a dia. O recorte do estudo, impulsionado por um feminismo profundo e despreocupado com as classificações, é um grupo composto majoritariamente por "mocinhas", operárias que trabalhavam, no ano de 1970, com enlatamento e acondicionamento de óleo e margarina numa fábrica da Zona Oeste de São Paulo. Sem entrar nos meandros da análise empírica, vale a pena notar que este livro "apaixonado e apaixonante", como o chamou Dante Moreira Leite em sua "Apresentação" original (1972), revela uma estudiosa que buscava um verdadeiro *encontro* com as operárias, como aliás aconteceria anos mais tarde, em sua obra maior, *Memória e sociedade: lembranças de velhos* (1979), resultado de sua tese de livre-docência defendida também na USP, em que analisa os canais profundos que ligam memória individual e memória social a partir de relatos de idosos.

Onde outros teóricos viam apenas o torpor a tomar o sujeito-leitor, narcotizado por uma espécie de determinismo sensorial, Ecléa suspeita haver inexploradas possibilidades liberadoras, que ela entrevê em raros lances poéticos, ou na "gentil simplicidade" com que as garotas entrevistadas discorriam sobre suas fotonovelas preferidas. A certa altura, a psicóloga pergunta o que seria das fotonovelas se fossem tocadas pelo espírito dos quadrinhos com seu "humor sintético, pleno de lucidez". Ou então, no caso dos livros, admira-se com os interesses variados das poucas leitoras, perguntando-se quão admirável "seria o mundo que elas fossem chamadas a construir e a transformar com todas as virtualidades de sua pessoa, não apenas com a força do trabalho". Mais uma vez, na sua visão, o cotidiano aviltante da exploração do trabalho diminui o horizonte de possibilidades da realização humana, figurada nessas "virtualidades" da pessoa cujo lazer não deveria ser apenas a fuga do cansaço diário, dos maus salários e do temor diante da vida na cidade grande.

Muitas operárias vinham do meio rural, e assim compreendemos a constatação – central naquele início de década de 1970, quando a metrópole recebia grandes ondas migratórias – de que a cultura de massa explorava "as constantes de uma mentalidade pré--industrial que sobrevive e permanece na cultura do homem pobre". Segundo a imagem forte da autora, a "fome" do leitor ("fome", neste livro, é expressão freudiana, significando um apetite compensatório) era iludida por uma literatura açucarada que estrategicamente deixava de explorar as "tensões inesperadas entre o que é e o que deveria ser". Se pensarmos no contexto maior em que pesquisava Ecléa, então com 34 anos de idade, veremos que a transformação social estancava, enquanto a reflexão acadêmica batia-se, algo impotente, contra os mecanismos que aprofundavam a desigualdade em meio aos momentos mais cruéis da ditadura civil-militar no Brasil. O pano de fundo da pesquisa, da defesa da tese na USP, bem como da publicação do livro pela Editora Vozes, está marcado por esse feixe de forças contraditórias, para as quais os "meios de comunicação social" (nome da coleção em que se publicaria o livro) eram elementos vitais.

É significativo que Ecléa termine seu estudo perguntando--se sobre o que está *fora* de seu raio de pesquisa, por exemplo uma "possível" cultura operária desenvolvida em torno dos sindicatos, cuja coluna vertebral fora quebrada pela ditadura (que obviamente não é mencionada como tal no livro) e só seria re-estruturada anos depois, já no contexto da abertura e das greves do ABC, no final da década. Ao lembrar a força do operariado, Ecléa retoma a observação de Edgard Leuenroth, que celebrava o sindicato como um espaço de sociabilidade expandido, "prolon-gamento do nosso lar" onde se realizavam atividades artísticas e culturais. E acena, como que a piscar o olho para o leitor de en-tão, para aquela imprensa operária que, "visível ou clandestina, jornal ou panfleto, descontínua embora", podia ser "uma luz em épocas agônicas".

De fato, *Cultura de massa e cultura popular* pode ser lido como uma lanterna acesa em época de escuridão. Chama a atenção que a capa original do livro reproduza, em tons esmaecidos, os *Ope-rários*, de Tarsila, e que encerre afirmando que a "evasão" da ima-ginação podia dar-se rumo à derrota e ao empobrecimento, mas também rumo "à conquista e ao enriquecimento". Convocado uma última vez, Umberto Eco responde ao pessimismo dos intelectuais, ali onde Ecléa, ecoando seus argumentos, lembra que a "soma de pequenos fatos, devidos à iniciativa humana", poderia modificar a natureza de um sistema, criando um "salto qualitativo inesperado". Em certo sentido, ler este livro, mais de meio século depois de sua publicação, é verificar, contra todo pessimismo, que o tal salto seria de fato dado logo mais, abrindo o país às venturas e desventuras de seu período democrático. Ou, nas palavras alusivas de Otto Maria Carpeaux, no "Prefácio" escrito em dezembro de 1971 para o livro que seria publicado no ano seguinte, "é tão escura a noite que já não pode demorar muito a aurora".

Seja como for, merece atenção a ideia de que os "homens de cultura" – leia-se, intelectuais e acadêmicos – não deveriam nem torcer o nariz para a cultura de massa nem desconhecer sua "pe-riculosidade". A "investigação concreta" de seu funcionamento era a tarefa em tela, que impunha ainda outra: meter as mãos na for-mação lenta de uma comunidade de leitores, ensejando a criação de "bibliotecas de bairro, de paróquia, de fábrica". Tarefa em que se empenharia a autora nos anos seguintes, naquela espera angustiada pela aurora.

"Tocar nos fatos" é a estranha e bela expressão com que Ecléa Bosi parece sagrar a ação, nem espetacular nem automática, de quem cultiva um jardim em constante transformação, como naqueles versos de Rosalía de Castro, que ela traduzira do galego alguns anos antes:

> Abri as frescas rosas,
> fazei brilhar os cravos
> do seu jardim, ó árvores, vesti-vos
> de lindas folhas verdes,
> videira que nos destes sombra outrora,
> a cobrir-vos de pâmpanos, voltai.
> Natureza formosa,
> eternamente a mesma,
> dizei aos loucos, aos mortais dizei
> que eles não perecerão (Castro, 1987, p. 100).

Pedro Meira Monteiro
São Paulo, agosto de 2024

Apêndice

Tabela 1 – Dados sobre o grupo

Número de entrevistados	n = 52	100%
Proveniência dos entrevistados	Rural	60%
	Urbana	40%
Escolaridade dos entrevistados	Fundamental Incompleto	15%
	Fundamental Completo	81%
	Ensino Médio	4%
Faixa etária dos entrevistados	19 – 20 anos	19%
	21 – 22 anos	34%
	23 – 24 anos	25%
	25 – 26 anos	10%
	27 – 28 anos	4%
	29 – 30 anos	2%
	31 – 32 anos	2%
	33 – 34 anos	2%
	35 – 36 anos	2%

Tabela 2 – Leitura em geral

Veículo		Jornais	Revistas	Livros
Não leem		33	19	38
Leem	Habitualmente	67 17	81	12
	Saltuariamente	50	69	62

Nota: % sobre o total de entrevistados.

Tabela 3 – Motivo de não leitura

		Falta de tempo	Falta de dinheiro	Cansaço	Desinteresse	Vista doente
Motivos alegados pelos não leitores	Jornais	25	-	-	75	-
	Revistas	50	-	50	-	-
Motivos alegados pelos leitores saltuários	Livros	34	24	19	13	10
	Jornais	35	23	12	30	-
	Revistas	47	30	14	3	6

Nota: % sobre o total de entrevistados.

Tabela 4 – Informações diversas

Período de leitura	De livros	De revistas	De jornais	Lugar da compra de livros	%
Durante a semana	90	94	94	Porta da fábrica	20
				Volantes	40
				Banca de jornais	20
				Livrarias	20
Aos domingos	10	6	6		

Motivo da não leitura dominical: Muito trabalho em casa

Nota: % sobre o total de leitores. | % sobre o total de livros comprados.

Tabela 5 – Leitura de revistas

	% Sobre o total de entrevistados	Sentimentais	Infantis	Conhecimento	Aventuras e Mistérios	Atualidades	Religiosas	Televisão	Moda e beleza
Lidas no mês da entrevista	88	70	15	52	2	2	4	2	–
Lidas habitualmente	12	40	20	20	-	-	20	–	–
Lidas saltuariamente	69	77	6	47	2	7	–	2	2
Preferidas	82,5	72	9	9	-	-	2,5	5	2,5
Compradas	61,5	63	9	14	6	-	4	2	2

Nota: As percentagens foram extraídas do total de revistas mencionadas em cada item.

Revistas mencionadas

Sentimentais: *Capricho, Grande Hotel, Sétimo Céu, Contigo, Noturno, Ilusão, Romântica, Melodias, Romance Moderno, Êxtase, Supernovelas.*

Infantis: *Pato Donald, Mickey, Tio Patinhas, Bolota, Riquinho.*

Conhecimento: *Pais e Filhos, Conhecer, Bom Apetite, Ele e Ela, Nossas Crianças, Mãos de Ouro.*

Aventuras e Mistério: *Top-Secret, Jacques Douglas, FBI, Grandes Heróis.*

Atualidades: *Manchete, Realidade, O Cruzeiro.*

Religiosas: *Seara, Lição Bíblica.*

Televisão: *Intervalo.*

Moda e Beleza: *Cláudia.*

Tabela 6 – Assuntos de interesse imediato

		%
1	Horóscopo	32
2	Fotonovela	30
3	Vida de artistas	8
4	Contos	6
5	Educação da criança	6
6	Arte culinária	4
7	Histórias em quadrinhos	4
8	Conselheiro sentimental	2
9	Crônica	2
10	Modas	2
11	Conselhos sobre beleza e saúde	2
12	Política	2

Nota: % sobre o total de assuntos mencionados.

Tabela 7 – Assuntos preferidos

		%
1	Fotonovela	15
2	Horóscopo	9
3	Conselhos sobre beleza e saúde	8
4	Prendas domésticas	7
5	Religião	6
6	Conselhos sobre problemas sentimentais	6
7	Acontecimentos do mundo	5
8	Acontecimentos do Brasil	5
9	Testes para conhecimento da personalidade	4
10	Notícias culturais. Descobertas científicas	4
11	Anúncios de cursos	4
12	Histórias em quadrinhos	4
13	Notícias sobre televisão	4
14	Contos. Romance em capítulos	3
15	Humor	2
16	Outros assuntos	14

Nota: % sobre o total de escolhas na lista n.1.

Tabela 8 – Leitura de jornais

QUESITOS	% sobre o total de entrevistados	Gazeta Esportiva	Jornal da Tarde	O Estado de S. Paulo	Diário de São Paulo	A Gazeta	O Pipoca	Última Hora	O Pasquim	Diário Popular	Jornal da Fábrica	Notícias Populares	Diário da Noite	Folha de S. Paulo
Jornais lidos na semana da entrevista	15,4	-	-	-	-	-	-	-	-	12,5	12,5	25	25	25
Jornais lidos no mês	34,6	-	-	-	-	3	3	3	3	18	22	12	12	24
Jornais lidos habitualmente	17	-	-	-	-	-	-	-	-	11	67	11	-	11
Jornais lidos saltuariamente	50	13	-	2	4,5	-	2	4,5	2	18	20	4,5	4,5	25
Jornal preferido	38,4	5	5	5	10	-	-	-	5	10	10	10	10	30
Jornais comprados	8	-	-	16,5	-	-	-	-	16,5	33	-	16,5	-	16,5

Nota: As % foram extraídas do total de jornais mencionados em cada item.

Tabela 9 – Assuntos de interesse imediato

		%
1	Noticiário	35,5
2	Horóscopo	33
3	Anúncio de empregos	12
4	Histórias em quadrinho	6,6
5	Política (acontecimentos do mundo)	2,2
6	Cursos e exames	2,2
7	Poesia	2,2
8	Esportes	2,2
9	Cinema	2,2
10	Prendas domésticas	2,2

Nota: % sobre o total de assuntos mencionados.

Tabela 10 – Assuntos preferidos

		%
1	Acontecimentos do mundo	10
2	Horóscopo	9
3	Anúncios de emprego	9
4	Noticiário policial	6
5	Conselhos sobre beleza e saúde	6
6	Anúncios de cursos	6
7	Prendas domésticas	6
8	Religião	6
9	Notícias culturais. Descobertas científicas	5
10	Testes para conhecimento da personalidade	5
11	Notícias sobre trabalhadores	4
12	Acontecimentos do Brasil	4
13	Histórias em quadrinhos	4
14	Acontecimentos dessa cidade	3
15	Esportes	2
16	Outros assuntos	15

Nota: % sobre o total de escolhas na Lista 2.

Tabela 11 – Leitura de livros

Quesitos	% de leitores s/total de entrevistados	Conhecimento	Romance	Religião	Poesia	Histórias infantis	Esporte	Aventura	Literatura de cordel	Policial	Corresp. amorosa	Horóscopo	Crônica
Livros que estavam sendo lidos na data da entrevista	23	25	41	17	17	-	-	-	-	-	-	-	-
Livros lidos no mês que precedeu a entrevista	30	19	50	6	19	6	-	-	-	-	-	-	-
Livros lidos no ano da entrevista	62	23	50	11	12	2	-	2	-	-	-	-	-
Livro preferido	60	20	45	6	6	20	-	3	-	-	-	-	-
Outros livros apreciados	79	26	40	4	-	8	-	4	14	4	-	-	-
Livros comprados	23	40	23	3	8,5	3	-	3	14	3,5	-	-	-
Assuntos preferidos na leitura de livros	100	65	14	13	2,5	1	1	-	-	-	2,5	0,5	0,2

Nota: As percentagens foram extraídas do total de livros mencionados em cada item.

Tabela 12 – Livros escolhidos no tópico conhecimento

		%
1	Educação sexual e afetiva	16
2	Lições práticas de enfermagem	9
3	Como cuidar da criança	8
4	Manual da perfeita dona de casa	8
5	A arte de amar	7
6	Educando para um mundo melhor	7
7	Personalidade	7
8	Português ao alcance de todos	6
9	O romance brasileiro	5
10	Beleza e saúde ao alcance de todos	3
11	As maiores descobertas científicas	3
12	Qual é a minha vocação?	3
13	Pensamento dos grandes filósofos	3
14	Manual das Belas Artes	2
15	Vamos aprender outras línguas?	2
16	Como realizar melhor meu trabalho	2
17	Suicídio ou sobrevivência do Ocidente	1
18	Brasil, espelho do mundo	1
19	Assistência ao menor abandonado	1
20	Formação política do Brasil	1
21	Aritmética ao alcance de todos	1
22	Maravilhas do corpo humano	1
23	Ervas e plantas do Brasil	1
24	O globo terrestre e suas maravilhas	1
25	Grandes momentos da história	1

Nota: % sobre o total de títulos mencionados no tópico.

Lista 1

Se você está lendo algum livro agora, diga-me o nome dele.

1. As pupilas do senhor reitor;
2. Nunca deixei de te amar;
3. Livro de Leitura do 4º ano;
4. Professor Jeremias;
5. O poder do pensamento positivo;
6. A garota adorável;
7. A viuvinha (de Alencar);
8. A Bíblia;
9. Poesia;
10. Poesia;
11. Mistérios da vida (educação sexual) ;
12. A Bíblia.

Apêndice

191

Lista 2

Se você leu algum livro neste mês que passou, diga o nome dele.

1. Poesia;
2. Enciclopédia sexual (Vol. 1);
3. Aconteceu naquela noite;
4. Aventuras de três meninos;
5. Na ponta de um arco;
6. Educação sexual;
7. Uma história de amor de Corin Tellado
8. Um romance

9. Um romance
10. Namoro e casamento (educação sexual)
11. Amor diferente
12. O manuscrito
13. Poesia
14. Poesia
15. Traição de amor
16. A Bíblia

Lista 3

Se você leu algum livro (ou livros) neste ano, diga o nome.

1. Poesias de Castro Alves; J. G. de Araújo Jorge
2. A Bíblia
3. Educação sexual
4. Poesias de Castro Alves
5. Eu e o governador
6. A vingança do judeu. Poliana
7. Um livro sobre a Terra Santa, religioso
8. A vida de Jesus
9. Escrava ou rainha. A casa dos rouxinóis. O príncipe romântico. Castelo em ruínas. Lady Shesbury. Magali
10. Manual de educação sexual
11. Arte culinária. Histórias de crianças
12. O morro dos ventos uivantes. Barroblanco. Rosinha, minha canoa. Meu pé de laranja lima
13. Livro de leituras do 3º ano
14. Poliana. Meu pé de laranja lima
15. História de fadas
16. Poesias
17. Uma história de amor. Magali

18. Enciclopédia sexual
19. Preparação para o casamento. A Bíblia
20. Rumo ao futuro. Corações em guerra. Casamento em perigo. O Grande pecado
21. O poço. Iracema. O Sertanejo. Tânia
22. Livro de receitas
23. Um livro sobre heróis de guerra
24. Preparação para o casamento
25. Enciclopédia de educação sexual
26. A pequena Dorrit
27. Enciclopédia de educação sexual
28. Poesias de Castro Alves. Poesia de J. G. de Araújo Jorge. Enciclopédia sexual. Coleção de poesias
29. Pais modernos. Bíblia. Arte culinária
30. Meu pé de laranja lima
31. Primavera de amor (outros romances que não lembro, uns quatro)
32. A Bíblia

Lista 4

Qual foi o melhor livro que leu em sua vida?

1. Olhai os lírios do campo
2. Poesias de Castro Alves
3. Histórias sentimentais
4. A vingança do judeu
5. As pupilas do senhor reitor
6. Eu e o governador
7. O tesouro da criança
8. A vida de Jesus
9. Seleta escolar do 3º ano
10. Escrava ou rainha?
11. Perdidos no espaço
12. História do Brasil
13. O poder do pensamento positivo
14. As mais belas histórias de fadas
15. Poliana
16. Histórias de fadas
17. Magali
18. Historinhas infantis
19. O grande pecado
20. Éramos seis
21. Vamos estudar!
22. Um romance histórico
23. Seleta escolar do 3º ano
24. História do Brasil
25. Historinhas infantis
26. A gata borralheira
27. A Bíblia
28. Poesias
29. Cléo e Daniel
30. Meu pé de laranja lima
31. Romeu e Julieta

Lista 5

Agora diga o nome dos livros que mais gostou de ter lido.

1. Poesias
2. Pais modernos
3. Poliana. O sol é minha ruína. A princesa Elisa. O escravo grego. Os 3 irmãos camponeses. O príncipe Roldão. O sentenciado
4. Eu e o presidente. Eu mataria o presidente
5. Cartilha Sodré do 1º ano
6. Órfão abandonado. Cascata Rubra
7. Moças e seus problemas
8. Um romance
9. Um nome na areia
10. Através do Brasil. Rosinha, minha canoa
11. Um romance
12. A serviço do amor
13. Estorinhas infantis e educação sexual
14. Um livro de educação sexual
15. Corações em guerra. Rumo ao futuro
16. Zé bico doce
17. A viuvinha. Caboclo. Tânia
18. Livro de receitas. Seleta escolar do 4º ano
19. Cartilha
20. O gato de botas. Branca de Neve e os 7 anões
21. Coleção de poesias
22. A filha de Gizela. O morto-vivo. O invencível
23. Rosinha, minha canoa
24. Primavera de amor

Apêndice

Lista 6

Dos livros que você leu pode lembrar o nome dos que você comprou?

1. Enciclopédia sexual
2. Pais modernos. Enciclopédia sexual
3. Poliana. O sol é minha ruína. A vingança do judeu. A princesa Elisa. O escravo grego. Os 3 irmãos camponeses. O príncipe Roldão. O sentenciado (cordel)
4. A vida de Jesus
5. Enciclopédia sexual
6. A casa dos rouxinóis. Anabela. Madalena, a pecadora. Coração de vidro
7. Arte culinária
8. Arte Culinária. Dicionário
9. As mais belas histórias de fadas
10. Como vencer no amor (orientação)
11. Enciclopédia sexual
12. Enciclopédia sexual
13. Coleção de poesias. Poesias de Castro Alves. Poesias de J. G. de Araújo Jorge
14. A filha de Gizela. O morto-vivo. O invencível. Pais modernos. Enciclopédia sexual. Arte culinária
15. Mistérios da vida (educação sexual). Traição de amor

Referências

ADORNO, T. W. L'industrie culturelle. *Communications*, Paris, n. 3. p. 12-18, 1964.

AREIAS, F.; CAVALETTI, M. *Os inimigos do livro no Brasil*. In: CONGRESSO BRASILEIRO DE PAPELARIA E MATERIAL DE ESCRITÓRIO, 1, 1968, São Paulo. *Congresso* [...]. São Paulo: [s. l.], 1968.

ARENDT, H. *Between past and future*: Six exercises in political thought. Nova York: Meridian Books, 1966.

ARENDT, H. *Origens do totalitarismo*. São Paulo: Companhia de Bolso, 2012. (Original publicado em 1951).

BARTHES, R. *Mythologies*. Paris: Éditions du Seuil, 1957.

BELTRÃO, L. *Comunicação e folclore*. São Paulo: Melhoramentos, 1971.

BLANQUART, L. La bataille des idées et son contenu social. *La Pensèe*, Paris, n. 124, p. 45-53, 1965.

BLAY, E. A. *A participação da mulher na indústria paulistana*. Rio de Janeiro: [s. n.], 1967.

BOGART, L. Comic strips and their adult readers. *In*: ROSENBERG, B.; WHITE, D. M. *Mass culture*: The popular arts in America. Nova York: Free Press, 1957.

BRAMSON, L. *O conteúdo político da sociologia*. Rio de Janeiro: Fundo de Cultura, 1963.

BROCHON, P. La littérature populaire et son public. *Communications*, Paris, vol. 1, p. 70-80, 1961.

CANDIDO, A. *Literatura e sociedade*. São Paulo: Companhia Editora Nacional, 1965.

CARPENTER, E.; MCLUHAN, M. *Explorations in communications*. Boston: Beacon, 1960.

CAUSSIN, R. *Du travail individuel au travail automatique*. Namur: International Association for Cybernetics, 1958.

COELHO, R. *Estrutura social e dinâmica psicológica*. São Paulo: Pioneira, 1969.

DELBRÊL, M. *Nous autres, gens de rue*. Textes missionnaires. Habère-Poche: Points, 1995.

DENNIS, N. *et al. Coal is our life*. 2. ed. Londres: Tavistock, 1969.

DUMAZEDIER, J. Travail et loisir. *In*: FRIEDMANN, G.; NAVILLE, P. *Traité de sociologie du travail*. Paris: Armand Colin, 1962. Vol. 2.

ECO, U. *Apocalittici e integrati*. Milão: Bompiani, 1965.

EMPSON, W. Proletarian literature. *In*: EMPSON, W. *Some versions of pastoral*. Londres: Penguin Books, 1966.

ESCARPIT, R. *Sociologia da literatura*. Lisboa: Arcádia, 1969.

ESCARPIT, R. Le livre de difusion de masse. *Communication et langages*, [*s. l.*], n. 5, p. 92-96, 1970.

ESCARPIT, R.; ROBINE, N.; GUILLEMOT, A. *Le livre et le conscrit*. Paris: Cercle de la Librairie, 1966.

FERNANDES, F. *Ensaio sobre o método de interpretação funcionalista na sociologia*. 1953. Tese (Livre-Docência) – Universidade de São Paulo, São Paulo, 1953.

FERNANDES, F. *Folclore e mudança social na cidade de São Paulo*. São Paulo: Anhembi, 1961.

FERREIRA, A. *Lazer operário*. Salvador: Livraria Progresso, 1959.

FREDERICO, C. *Consciência operária no Brasil*. São Paulo, Ática, 1978.

FREDERICO, C. *O Operariado na empresa e na sociedade* [Pesquisa em andamento junto ao Depto. de Sociologia da Universidade de São Paulo]. [*S. l.*]: s.d.

FREUD, S. Poeta y fantasia. *In*: FREUD, S. *Coleção Obras Completas*. Vol. II. Madri: Biblioteca Nueva, 1948.

FRIEDMANN, G. *¿A dónde va el trabajo humano?* Buenos Aires: Sudamericana, 1961.

FRIEDMANN, G. Enseignement et culture de masse. *Communications*, Paris, n. 1, p. 3-15, 1962.

FRIEDMANN, G. *Sete estudos sobre o homem e a técnica*. São Paulo: Difusão Europeia do Livro, 1968.

GILSON, E. *Cultura e sociedade de massa*. Lisboa: Moraes Editores, 1970.

GOLDMANN, L. *Sociologia do romance*. Rio de Janeiro: Paz e Terra, 1967a.

GOLDMANN, L. *Dialética e cultura*. Rio de Janeiro: Paz e Terra, 1967b.

GOLDMANN, L. *Ciências humanas e filosofia*. São Paulo: Difusão Europeia do Livro, 1967c.

GRAMSCI, A. *Literatura e vida nacional*. Rio de Janeiro: Civilização Brasileira, 1968.

GRITTI, J.; SOUCHON, M. *La sociologie face aux media*. Paris: Mame, 1968.

HOGGART, R. *The uses of literacy*. Londres: Penguin Books, 1957.

HOLSTI, O. R. Content analysis. *In*: LINDZEY, G.; ARONSON, E. *Handbook of Social Psychology*. Londres: Addison-Wesley, 1969. Vol. II.

ISAMBERT-JAMATI, V.; GUILBERT, M. La répartition de la main d'oeuvre répartition du travail par sexe. *In*: FRIEDMANN, G.; NAVILLE, P. *Traité de sociologie du travail*. Paris: Armand Colin, 1962. p. 266-282.

JAKOBSON, R. *Linguística e comunicação*. São Paulo: Cultrix, 1968.

JAMES, L. *Fiction for the working man*. Londres: Oxford University Press, 1963.

KAËS, R. Les ouvriers et la culture. *Sociologie du travail*, [*s. l.*], vol. 5, n. 3, p. 247-261, 1963.

KLAPPER, J. T. Lo que sabemos sobre los efectos de la comunicación de masas: el limite de la esperanza. *In*: ECO, U. *et al*. *Los efectos de las comunicaciones de masas*. Buenos Aires: Jorge Alvarez, 1969.

LA FARGE, C. Mickey Spillane and his bloody hammer. *In*: ROSENBERG, B.; WHITE, D. M. *Mass culture*: The popular arts in America. Nova York: Free Press, 1957. p. 176-185.

LAFER, C. Da dignidade da política: Hannah Arendt. *Discurso*, São Paulo, vol. 3, n. 3, p. 185-198, 1972.

LARRUE, J. Loisir ouvrier et participation sociale. *Sociologie du Travail*, [*s. l.*], vol. 5, n. 1, p. 45-64, 1963.

LAZARSFELD, P. Les intellectuels et la culture de masse. *Communications*, Paris, n. 5, p. 3-12, 1965.

LAZARSFELD, P.; MERTON, R. K. Mass communication, popular taste and organized social action. *In*: ROSENBERG, B.; WHITE, D. M. *Mass culture*: The popular arts in America. Nova York: Free Press, 1957.

LEFEBVRE, H. *Le langage et la société*. Paris: Gallimard, 1966.

LEITE, D. M. *Psicologia e literatura*. São Paulo: Conselho Estadual de Cultura, 1965.

LESSER, S. O. *Fiction and the unconscious*. Boston: Beacon, 1957.

LIMA, L. C. *Teoria da cultura de massa*. Rio de Janeiro: Saga, 1969.

LIVOLSI, M. *Comunicazione e integrazione*. Milão: G. Barbèra, 1967.

LOPES, J. B. *Desenvolvimento e mudança social*. São Paulo: Companhia Editora Nacional, 1968.

LÖWENTHAL, L. *Literature, popular culture and society*. Englewood Cliffs: Prentice-Hall, 1961.

MACDONALD, D. *Against the American grain*. Nova York: Vintage Books, 1962.

MANDROU, R. Les intellectuels et la culture de masse. *Communications*, Paris, n. 5, p. 13-44, 1965.

MARX, K. *O capital*. Vol. 1. Rio de Janeiro: Civilização Brasileira, 1982.

MATTELART, M. *El nivel mitico de la prensa seudo-amorosa. Cuadernos de la Realidad Nacional*, Santiago, 1970.

MCLUHAN, M. Sight, sound and fury. *In*: ROSENBERG, B.; WHITE, D. M. *Mass culture*: The popular arts in America. Nova York: Free Press, 1957.

MCLUHAN, M. *La galaxia Gutenberg.* Gènesis del Homo typographicus. Madri: Aguillar, 1969a.

MCLUHAN, M. *Os meios de comunicação como extensões do homem.* São Paulo: Cultrix, 1969b.

MCLUHAN, M. *Mutations 1990.* Paris: Mame, 1969c.

MELO, J. M. de. *Comunicação social*: teoria e pesquisa. Petrópolis: Vozes, 1970.

MELLO, S. L. de. *Trabalho e sobrevivência.* São Paulo, Ática 1988.

MERTON, R. K. *Social theory and social structure.* Nova York: Free Press, 1949.

METZ, C. Au-delà de l'analogie, l'image. *Communications*, Paris, vol. 15, p. 1-10, 1970.

MORIN, E. *Cultura de massas no século XX.* Rio de Janeiro: Forense, 1967.

MORIN, E. L'industrie culturelle. *Communications*, Paris, vol. 1, p. 38-59, 1961.

NAVILLE, P. ¿Hacia el automatismo social? Cidade do México: Fondo de Cultura Económica, 1965.

PAZ, O. *Corriente alterna.* Cidade do México: Siglo XXI, 1967.

PERROUX, F. *Aliénation et société industrielle.* Paris: Gallimard, 1970.

PFROMM NETTO, Samuel. *Imagens dos meios de comunicação de massa: contribuição para o estudo da psicologia da comunicação de massa.* 1969. Tese (Doutorado) – Universidade de São Paulo, São Paulo, 1969.

RIESMAN, D. *La muchedumbre solitaria.* Buenos Aires: Paidós, 1968.

RIESMAN, D. The oral and written traditions. *In*: CARPENTER, E.; MCLUHAN, M. *Explorations in communications.* Boston: Beacon, 1960.

RODRIGUES, A. *Sindicato e desenvolvimento no Brasil.* São Paulo: Difusão Europeia do Livro, 1968.

RODRIGUES, L. M. *Industrialização e atitudes operárias.* São Paulo: Brasiliense, 1970.

SHILS, E. A. *Mass society and its culture. In*: BERELSON, B.; JANOWITZ, M. *Reader in public opinion and communication.* Nova York: The Free, 1966.

SULLEROT, E. *História e sociologia da mulher no trabalho.* Rio de Janeiro: Expressão e Cultura, 1970.

SULLEROT, E. *La presse féminine.* Paris: Armand Colin, 1966.

TODOROV, T. *Estruturas narrativas*. São Paulo: Perspectiva, 1969.

TOURAINE, A. *La société post-industrielle*. Paris: Denoèl, 1969.

UNIVERSIDADE DE TURIM. *La Fiat è la nostra Università*. Pesquisa depositada junto ao Instituto de História da Faculdade de Magistério de Turim. Milão: Feltrinelli, 1969.

VAN DER HAAG, E. Of happiness and of despair we have no measure. *In*: ROSENBERG, B.; WHITE, D. M. *Mass culture*: The popular arts in America. Nova York: Free Press, 1957.

VEÍCULOS BRASILEIROS DE PUBLICIDADE. São Paulo: Propaganda, 1967.

VON MARTIN, A. *Sociologia del Renacimiento*. Cidade do México: Fondo de Cultura Econômica, 1960.

WIENER, N. *Cibernética e sociedade*. São Paulo: Cultrix, 1968.

WILLIAMS, R. *Cultura e sociedade*. São Paulo: Companhia Editora Nacional, 1969.

WRIGHT, C. *Mass communication*. A sociological perspective. Nova York: Random House, 1964.

XIDIEH, O. E. *Narrativas pias populares*. São Paulo: Instituto de Estudos Brasileiros da Universidade de São Paulo, 1967.

Posfácio e Apresentação

BECK, U. The cosmopolitan society and its enemies. *Theory, Culture and Society*, Thousand Oaks, vol. 19, p. 17-44, 2002.

BOSI, E. *A casa & outros poemas*. São Paulo: Com-Arte, 2018.

BOTELHO, A. (org.). *Essencial sociologia*. São Paulo: Companhia das Letras, 2013.

CALVINO, I. *Os nossos antepassados*. São Paulo: Companhia das Letras, 1997.

CASTRO, R. de. *Poesia*. Seleção e Versão do Galego e Espanhol de Ecléa Bosi. São Paulo: Brasiliense, 1987.

ELIAS, N. *A peregrinação de Watteau à ilha do amor*. Rio de Janeiro: Jorge Zahar, 2005.

CLÁSSICOS BRASILEIROS DAS CIÊNCIAS SOCIAIS

VEJA OUTROS TÍTULOS DESTA COLEÇÃO EM
LIVRARIAVOZES.COM.BR/COLECOES/CLASSICOS-BRASILEIROS-DAS-CIENCIAS-SOCIAIS

Conecte-se conosco:

 facebook.com/editoravozes

 @editoravozes

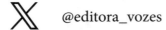 @editora_vozes

 youtube.com/editoravozes

 +55 24 2233-9033

www.vozes.com.br

Conheça nossas lojas:

www.livrariavozes.com.br

Belo Horizonte – Brasília – Campinas – Cuiabá – Curitiba
Fortaleza – Juiz de Fora – Petrópolis – Recife – São Paulo

 Vozes de Bolso

EDITORA VOZES LTDA.
Rua Frei Luís, 100 – Centro – Cep 25689-900 – Petrópolis, RJ
Tel.: (24) 2233-9000 – E-mail: vendas@vozes.com.br